日本近代史
（1868—1928）

[日] 长谷川如是闲 著

王兴 译

沈阳出版发行集团

沈阳出版社

图书在版编目（ＣＩＰ）数据

日本现代史 ：1868-1928／（日）长谷川如是闲著；
王兴译 .－－ 沈阳 ：沈阳出版社，2020.6（2020.11 重印）
ISBN 978－7－5716－0935－1

Ⅰ．①日… Ⅱ．①长… ②王… Ⅲ．①日本－现代史
－1868－1928 Ⅳ．① K313.4

中国版本图书馆 CIP 数据核字 (2020) 第 075822 号

出版发行： 沈阳出版发行集团|沈阳出版社
（地址：沈阳市沈河区南翰林路10号 邮编：110011）
网　　址： http://www.sycbs.com
印　　刷： 北京楠萍印刷有限公司
幅面尺寸： 145mm×210mm
印　　张： 8
字　　数： 160千字
出版时间： 2020年8月第1版
印刷时间： 2020年11月第2次印刷
选题策划： 赵　琳　郑　为
责任编辑： 周武广　张　畅
封面设计： 朝圣设计·大圣
责任校对： 王志茹
责任监印： 杨　旭

书　　号： ISBN 978-7-5716-0935-1
定　　价： 49.80元

联系电话：024-62564985　024-24112447
E－mail：sy24112447@163.com

目　录

第一章

一切从明治维新开始

一 稚拙时代的危机

从明治维新开始，日本逐渐成为近代文明国家。明治时期孕育出了新兴的日本，也孕育出了赫然傲立于世的日本。

相较于欧洲各个国家的文明发展历程，明治时期的这50年，其价值堪比数个世纪，日本民众在此间的长足进步，也着实令全人类叹为观止。

就这个意义而言，明治时期初期的革新堪称是政治与社会的巨大变革。自源赖朝开幕府于镰仓，到历经700年的日本封建制度被彻底废除，在达成王政复古的同时，明治时期的政治、法律、社会和经济等涉及民众生活的方方面面也得以革新，往昔旧制不再风光，新的社会秩序逐渐形成。

这种大变革在历史上是罕见的，但是绝非偶然，在这里我们便来探究一下其前因后果。

德川幕府闭关锁国260年，自给自足的政策在一定程度上是成功的。日本产业经济之所以能在明治时期过后逐渐发展起来，正是得益于这个时期的极端保护政策。生丝和砂糖等日本的重要物产即是典型实例。

自给自足的政策只能在一定程度上推动国内产业经济的发

展，确保国家经济独立；当国家经济膨胀，人民生活发展迅速之时，这种政策就维持不下去了。这种经济政策只适合在以土地为基础的村落经济时代实行，也就是说只适用于劳动的价值尚未被广泛认同，人口分布尚未呈现出聚集趋势，城市里也尚未出现更为发达的资本主义生产形式的稚拙时代。

那个时代是以"藩"为地区制度的，在自给自足主义的大环境下，人们往来于封土范围之内，进行着各种交换活动，并创设出割据一方的独立经济。到了幕府时代后期，随着总人口的增长，商人越来越多了，经济活动也愈加欣欣向荣，于是旧有的经济制度便无法得以维持。换句话说，资本势力已将目光从土地资本领域转移到了工商业资本领域，并应用于产业经济领域，以及政治领域，自此之后，作为生产要素之一的劳动力，其价值亦愈发突出了。对于这种状况，元禄时期和享保时期的有识之士看得十分清楚，譬如西川如见在《町人囊》中写道：

> 在古代，商人的地位是低于农民的，后来随着金银的广泛使用，商人揽尽世间财宝，时而还会被贵族召见，可见其地位已比农民高了，更何况，近百年来，天下安定，尊儒之人，学医之人，擅长歌道、茶道等各色艺趣的风雅人物，大多都是商人出身。（《町人囊》第一卷）

这段记述说明了日本社会从自给自足的村落经济逐渐发展为以交换活动为基础的城市经济的过程，也说明了作为资本所有者的商人原本地位低下，还说明了商人阶层的社会地位呈现出了上升趋势。

这种状况最突出且具体地表现在幕府时代末期幕府和地方藩主遭遇的财政危机。在当时的江户（今东京）和大阪，商人阶层逐渐转变为资产阶级，且势力越来越大。幕府接二连三地征收"御用金"[1]，各藩也相仿相效，收米作为抵押，而社会经济活动只能有赖于大阪商人，所以各藩贵族在大阪商人面前都得毕恭毕敬，就连武士也不得不低头，大阪商人俨然获取了日本社会的最高地位。

《元正间记》中描绘了大阪淀屋[2]的奢侈风貌，说这个淀屋深受西部三十三国诸侯之托；各方诸侯几乎无一不向其借款；金钱面前，各方诸侯无奈只能向位不及己之人屈膝卑躬。在《元正间记》这本书中，彼时的社会风貌可见一斑。

二 夹缝中的新势力

颓然局势令幕府当局坐立不安，为了扭转乾坤，他们一面

---

[1] 御用金：名义上是借款，实际上连本金都难以兑现，变成了无偿征收。——译者注

[2] 淀屋：江户时代大阪的超级大商人，促使大阪成为商业之都。——译者注

借助商业来维持社会稳定；一面决定痛改前非，打算彻底整改财政。如此一来，既要对各地民力加以涵养，又要让各藩财政都有所盈余；不仅要对开垦土地和开山挖矿予以奖励，还要颁布禁令杜绝骄奢淫逸之风；最终居然还涉及民众的私生活。不难看出，幕府当局是何等苦恼。

不过，这种消极的夹缝中求生存的政策终究抵不过大势已去的颓然。

也就是说，社会已从农业经济转变为工商业经济，农业资本主义也已转变为工商业资本主义。更加适应生产力发展的经济社会已悄然来袭，势不可当。

在 1859 年发表的《政治经济学批判》的序言中德国政治家马克思阐释了这一原理："物质生活的生产方式制约着整个社会生活、政治生活和精神生活的过程。不是人们的意识决定人们的存在，相反，是人们的社会存在决定人们的意识。社会的物质生产力发展到一定阶段，便同它们一直在其中运动的现存生产关系或财产关系 [1] 发生矛盾。于是这些关系便由生产力的发展形式变成生产力的桎梏。那时社会革命的时代就到来了。"

时代从来都是不断变化的，幕府时代末期的形势亦受制于这一原理。嘉永六年（1853）之时，美国的军舰从远方驶来，国内舆论众说纷纭，争执不休。先驱者轰轰烈烈地倡导着"尊

---

[1]　这只是生产关系的法律用语。——译者注

王贱霸"，这种观点逐渐得到了民众的广泛认同，进而化作普罗大众最强有力的呐喊之音，使社会矛盾被进一步激化，直至幕府被彻底推翻。好似所有人都在翘首以盼，迎接新兴社会制度的到来，而后高歌猛进。

这场变革的核心驱动力是对幕府政治不满已久的、隶属于萨长两藩部的下级武士们，他们是帝都的一些卓越的公卿之辈。由此可见，明治时期的变革并不若日本国外的那些变革，不是被压迫阶级的崛起，而是中央一部分人自上而下的政治改革，因此这种变革无法在推翻封建制度后带来必然的纯粹的彻底的社会变革，也无法实现真正意义上的自由主义和民主主义。

当然，从形式上来说，明治维新一直贯彻着"尊王讨幕"的思想，无论进退皆以"道义"为宗旨，光明磊落地朝目标奋进着。大政奉还，天皇主持新政，组建明治政府，并鼓起巨大勇气斩断了旧制度的根脉，以期构建新的社会秩序，迎来全新面貌。然而，朝廷仍被部分封建遗毒，即特权阶级所占据。一方面，政权被掌握在了藩阀政府手中；另一方面，随着新的国家组织形式的出现，封建经济逐步转向了城市经济，并走到了资本主义经济时代的跟前。不过，这时的情形和前文所述相差无几，核心势力仍集中在那群幕府时代末期的野心勃勃的下级武士手中。在明治和大正这两段时期中，这些野心家们维持着这种特殊的势力，和藩阀政府共存。

令我们倍感心痛的是，全人类的政治文化虽然都在朝着民主主义的大方向发展，可总会因为不同的国情和传统而节外生枝，这些特殊的事件往往会成为我们前进路上的障碍。

三　不一样的革命

我们先来看看曾推翻了法国封建制度，创设出以民主主义为核心思想的近代国家，对全球影响至深的法国大革命。

1789 年 7 月 14 日，巴黎市郊外的巴士底狱打响了那场大革命的第一枪，也打开了世界人文历史的新纪元。论其缘由，深刻幽远，可追溯自文艺复兴时期的精神和思想。那场运动过后，付出了巨大牺牲的人们终于迎来了以"自由、平等、博爱"为宗旨的民主主义，而这民主主义也正是欧美各国近代文化的真正要义；进入 20 世纪，在经历了人类历史上一次巨大磨砺——世界大战[1]之后，它再一次向我们暗示了人类社会新的发展方向。

另外，历经了这场革命的革命者热切地盼望着法国民众所获得的这份自由也能在其他国家遍地开花，盼望着其他国家的民众亦能摆脱囚禁得到解脱。

---

[1] 世界大战：指第一次世界大战，下同。——译者注

法国历史学家瑟诺博司在其著作《现代文化史》中做出了说明：

> "革命本身即是对君主专制国家的一种敌对行为。在制宪会议上颁布的人权宣言，不仅是法国人的权利，更是全人类的权利。
>
> 法国已率先承认民权，并期望其他国家也能效仿。法国不仅不愿武装镇压民众自由，而且很难不在他国民众努力获取自由时伸出援手。
>
> 当邻国民众对政府抱怨连连，力求解放时，众多法国人甘愿尽心尽力，因为在法国人看来，自由时代不应该只属于法国。"

正是这样的理想，推动了法国大革命的爆发，彻底推翻了旧制度，革新了国内所有的组织，构建出新的政治社会和道德社会。这场革命对德、英、美等国影响深远。不过就法国此后所达成的政治自由主义和民主主义而言，这几个国家直到19世纪末期才有所企及，实在要晚很多。

以英国为例。13世纪，约翰王颁布了《自由大宪章》，自此之后议会制便登上了历史舞台。法国大革命爆发前100年，也就是1689年，英国爆发了光荣革命，虽说确立了代议制，可是普通民众的参政权基本上仍是一纸空谈，和封建时代毫无二致。地主阶级和上层贵族依旧飞扬跋扈，蛮横专断。自

18 世纪至 19 世纪前期，所有的政治运动无疑都是为了追求普选权。

著名的宪章运动至关重要。从 1837 年到 1848 年，英国宪章运动断断续续地进行着，这是世界上第一次大规模的无产阶级政治和社会运动。该运动的纲要为以下六条：

一、所有成年男子皆享有选举权。

二、选举地区一律平等。

三、选举采用无记名投票形式。

四、议会每年一度。

五、财产条件不再作为下议院议员资格之一。

六、议员享有报酬。

不幸的是，宪章运动被当局用相关政策强制镇压了下来。然而，这种令人敬佩的努力足以唤醒世人，也终于在 1867 年和 1885 年两次选举法的修正案中得以实现，促成了普选的实行。

再来看看明治维新。和英国宪章运动不同，它没有政治上的传统，不能自觉发生；和法国大革命也不同，它不是民众为了推翻暴虐的少数特权派而发起的抵抗运动。如前文所述，站在社会层面上来看，我们能够从革命核心势力中辨别出重要的不同之处。

革命的主因通常是中央政权在财政层面上实施的压迫，导致下层阶级的诉求愈发强烈。不平和不满是发起革命的主要动机，这一点并不难理解，因为很多革命都摆脱不了经济这个主要因素。然而在日本，下层阶级及各被压迫阶级多是没文化的农民，不可能如法国第三阶级那样产生出阶级自觉，换言之，他们尚无法受到刺激，更不可能作为革命的原动力，以共同宣言为核心领导大众团结奋进。

在欧洲，从中世纪"十字军"东征开始，东西方交流越来越频繁，城市越来越发达。与此同时，君主或领主滥征赋税，搞得工商阶级苦不堪言。到了13至14世纪，因为团结一心，工商阶级的地位得以上升。无论是德意志北部地区的汉萨同盟，还是中欧地区的莱茵同盟，抑或是南方地中海沿岸城市同盟，无不隐然大势。

就法国大革命而言，吉伦特派作为工商阶级的代表在历史上扮演了重要的角色。不过在那个时代，第四等级尚未产生阶级觉醒，还只能依照工商阶级的指导来活动。

在维新时期，第三阶级，即商人的实力已超过了武士，且在很多方面都能制衡武士阶层；在维新的过程中，他们没有发起任何表面化的运动，而是对勤王各藩进行援助，使其功成名就，这也是此后各藩和明治政府之间关系的源头所在。

这是明治维新的特质，也是认定其文化史要义的关键。

所以，在日本历史上，能冠之以"最初的人民运动"的大概是自此十二三年之后，风行全日本，以板垣退助和河野广中等人为代表所主导的民选议院设立运动及自由民权运动。

以上便是明治维新与国外革命的相异之处，归根结底，即是维新之后仍残留着苦难之事。

另外，这个特质是唯一能够用来认定明治维新之要义的关键事实。

第二章
明治的明智

一　革故鼎新

对于德川庆喜提出的大政奉还政策，时人议论颇多，不过在幕府时代末期维新运动期间，他也是有所坚持的：力排众议，从大势所趋，坚持着自己的信念。不能不说他是个伟大的人物，我们不应单纯地将其视为明治新政的阻碍者。然而很可惜，他虽然拥有远大光明的理想，却没有果敢的执行力，以致后来名誉扫地。

关于幕府的"政权返上"，勤王各藩的议论无外乎两种：第一种，认为想要推翻幕府300年来的统治绝非易事，只说不做会导致时机尽失，因此必须诉诸军事。这是萨摩藩的西乡隆盛和大久保利通等人的观点。正因如此，他们很早便开始筹谋萨长同盟了。第二种则以土佐藩的山内丰信为代表。山内氏也曾在京师做过谋划，但此前曾受到过德川氏的加封，在与幕府的关系上，和毛利氏、岛津氏不太一样，因此也不太赞同讨伐幕府之事。此后，容堂公[1]经过深思熟虑，打算平和事态，于是，

---

[1]　容堂公：即山内丰信（1827—1872），日本幕府末年高知藩的第14代藩主。幕末四贤侯之一。——译者注

派出后藤象二郎、福冈藤次、神山左多卫等臣子，在庆应三年（1867）十月十四日[1]将大政奉还建议书送到了幕府。十二日，德川庆喜和幕府老中以下的人进行商议，提出增加各藩的徭役。十四日，交桑名藩松平定敬正式表奏"政权返上"之事。德川庆喜是敏锐且明智的，不仅洞察出了事态发展的方向，而且还深明大义，并且预测出国内将呈现出以皇室为中心一致对外的倾向和形势。

自源赖朝开幕府于镰仓，国家政权渐渐被武家所掌握，至此682年；此后，德川氏先祖德川家康谋得政权，德川氏历经15代，大权在握达265年；至此，国家政权才重新回到了朝堂之上，开启了日本历史的新篇章。

明治元年（1868）一月，由太政官制组成了明治政府。以"总裁"为首脑，下设"议定"和"参与"，构成议政官的上局；由来自各藩的"征士"和"贡士"组成"下局公议所"，这也是代议制的开源。但在那个时候，维新才刚刚过去，无论是诸侯、藩士，还是黎民百姓，不仅尚未完全理解"王政复古"的精神要领，而且还缺乏自觉性，因此很难看清局势的发展方向。另外，中央朝廷和萨长藩也尚无独步天下、大权独揽的财政基础，军事实力更是不足挂齿。如果有违逆萨长同盟藩阀或勤王各藩意志的事发生，如果萨长同盟藩阀和朝廷意志不投，那么国家政权难免会落入他人手中。

---

[1] 此处作者有误，应为三日。——译者注

　　想要避免这一系列的危机，摒除不安的因素，必须及时地引导民意，让民众心有所向，加强中央集权，削弱地方势力。明治元年三月十四日，明治天皇登上了紫宸殿，与众公卿一道祭拜天神地祇，而后颁布了《五条誓文》。怀抱着远大的理想，他向全国民众宣读了施政方针，肇始了"与民共政"的新政体，为家国奠定了长治久安的基础。誓文如是：

　　　　一、广兴会议，万机决于公论；

　　　　二、上下一心，盛行经纶；

　　　　三、官武一途，以至庶民各遂其志，人心不倦；

　　　　四、破旧来之陋习，基于天地之公道；

　　　　五、求知识于世界，大振皇基。

　　《五条誓文》简明扼要，意义深远，不仅蕴含着日本精神，更包含着民众理应敬畏的训诫。不仅如此，这憧憬还如此宏伟，如此远大。

　　纵然当时思想混沌，可这誓文所秉持的依据仍然显而易见；而我们也能在这誓文中看出日本将在后世发展立宪政治体制的端倪。

　　借由这样的施政方针，明治政府迈入了建设时代，无奈经常有兵变事件发生，因而付出了巨大的代价；直到明治十年（1877）的西南战争，这历经了上百回合的持久混战才得以画上句点。也就是在那个时候，明治政府果断地废除了各种旧制度，旨在奋力组建一个新社会。木户孝允、大久保利通、山县有朋、西乡隆盛、板垣退助等人皆是当时的先驱者。明治元年闰四月，政府将幕府之前的领地并入了朝廷的直辖范围；明治二年（1869）正月，萨长土肥四藩联名上书提出"版籍奉还"，各诸侯也陆续上书提出"版籍奉还"，乘此机会，中央集权得以实现；明治四年（1871）四月，"废藩置县"的诏令正式下达，由此奠定了去旧迎新的基础。

这一年的八月，井上馨时任大藏大辅，由太政官昭告天下，解放"秽多非人"[1]。在四民[2]平等的时代，这一政策无可厚非，只是在那个时候，"秽多"人口共 28 万有余，"非人"人口共 2 万有余，"皮作"等人口共 7.9 万有余，加起来有 38 万人之多，俨然成了当时的一大社会问题。

其实，解放"秽多非人"的思想在幕府时代末期便已萌芽。明治二年三月，有很多人就此事进言公议所，加藤弘之的提案便是其中之一。明治四年，在颁布解放令之前，土佐藩士大江卓造也对此事很是尽心尽力。那时，他亲眼见到兵库凑川附近的部落民过着悲惨的生活，心中百感交集，于是在明治四年正

---

[1]　秽多非人：泛指日本贱民"部落民"。"秽多"指的是居于士农工商之下的从事屠宰业、皮革业等事务的贱民，"非人"则是指乞丐、算命、监狱看守等。两者差别在于前者被认为不洁，为世袭制。解放"秽多非人"只是形式上赋予其平民身份，歧视至今存在。——译者注

[2]　四民：即皇族、华族、士族和平民四种身份。明治维新后，日本废除大名和公卿的称呼，改称"华族"；武士改称"士族"；其他从事农工商等职业的人称为"平民"。——译者注

月来到京师拜见时任民部大辅的大木乔任，提出了解放"秽多非人"的建议。他的建议最终被采纳了，随即他也进入了民部省[1]，继续为此事努力。终于，明治四年八月二十八日《太政官布告》颁布：

明治四年八月二十八日发
第六十一号布告

兹废除秽多、非人等称号，而后其身份、职业均应与平民同。

布告被转至各个府县，其内容都大同小异，大概是说"秽多""非人"等民众从此后都入编为民籍，职业也会被平等对待，至于地租一类的事情，可以和大藏省[2]沟通。

此后，"秽多非人"拥有了和普通民众无二的权利与义务，成为真正政治意义上的国民。

第二个大改革是确立了"国民皆兵"的制度，并颁布了征兵令。这项改革要归功于山县有朋。明治五年（1872）二月，兵部省被划分为陆军与海军两部分，而原兵部大辅山县有朋被任命为陆军大辅。这一年的十一月，征兵诏书发布，以"国民

---

[1] 民部省：管理地方户籍、租税、交通、建设等工作的部门。——译者注

[2] 大藏省：即财政部。——译者注

皆兵"制度为宗旨，全民征兵。此时的民众尚未觉醒，残余的封建思想让他们误以为军事应该是武士的专权；而武士们则认为自身特权被剥夺了，因而奋起反对。山县有朋曾游历欧洲，不仅对先进国家的军事进行过研究，还亲历了国家主义上升时期爆发的普法战争。在军事方面，他是见多识广的，因此才会如此果断地创建新制。

《征兵诏书》中写道："戊辰一新，实乃二千余年来一大变革也。当此之际，海陆兵制亦须因时制宜。今基于本邦古昔之制，斟酌海外各国之式，设全国募兵之法，欲立保护国家之基……"

除此之外，明治初期，政治、经济、社会等各个方面均破除了诸多旧习，进行了许多改革。明治元年，"江户改名'东京'"的诏书被颁布；明治二年，迁都东京；同年，废除了"公卿""诸侯"等称谓，冠以华族；明治三年（1870）九月，允许普通民众拥有"姓"；明治四年十二月，允许有官职的华族、士族人士涉足农、工、商业；明治五年十一月，废除阴历，行太阳历；明治六年（1873）二月，允许与外国人通婚；明治七年（1874）八月，禁止对罪犯严刑逼供；明治九年（1876）三月，禁止佩刀等封建等级制思想。力排无根无据的旧习之后，全国上下焕然一新。

二　无米之炊

不过，如果没有稳定的财政基础和足够的权威，明治政府想要推行这些改革几乎是痴人说梦。幕府留给明治政府的财政是相当穷乏的，几近坍塌。因此，要如何调整、改革，确立新的财政政策至关重要。

纵然政府不乏人才，也不缺经验，但毕竟"巧妇难为无米之炊"，明治政府为此苦不堪言。

在那个时期，明治政府唯一的收入来源是德川氏的供地，而且也只有国都附近的 3 万石而已。如此少的收入，何以处理得了国内大大小小的事务，着实令人心中郁结。明治元年正月十日，鸟羽、伏见之战过后，明治政府发布了讨伐德川庆喜的诏令，并把德川幕府旧有的领地收归政府所有，不过这租税一时半刻也收不上来。为了解燃眉之急，政府便采用了由利公正提出的建议。

在越前藩时，由利公正曾经向领土内的民众发放过"贷款"，以此形式激励产业的发展。此外还发行过"手形"[1]，收效良

---

[1]　手形（てがた）：日本纸币、期票、汇票的总称。——译者注

好。因此，在正月召开的第一次太政官会议上，他提出发行价值3000万两的纸币，以尽快解决政府资金短缺的问题。就这样，这一年的五月，政府发行了价值4800万两的纸币"太政官札"，并预设流通13年后即改作正币。然而，纸币发行后没多长时间，其价值迅速下跌，物价上涨。如此这般，增加财政收入的方法就只剩下"内外募债"了。明治三年，因为修建铁路，政府在伦敦募集到100万英镑，利息为九分，这便是第一笔外债。明治六年，还是在伦敦，募集到公债240万英镑，利息七分。在日本国内，明治六年发行的新旧公债是为了偿还藩债，发行用金札兑换的公债，是为了偿还纸币债务；明治七年，为了执行对华族、士族的秩禄处分，发行了金禄公债；除此之外，政府还发行过企业公债、铁路公债、海军公债等。截至明治十二年（1879），总共发行了价值564万多元的公债。不难看出，明治政府的财政基本上全靠"内外募债"在维持。

纵然解了燃眉之急，但这些募集的钱款说到底还是要想办法广进财源来偿还。于是，租税制作为增加财政收入的办法，不得不提上了日程。在"废藩置县"的基础上，征收地租的根本性改革是可以满足偿还需求的。

在旧政时期所实行的租税制度中，各藩的税制是独立的。在幕府时代末期，中央及各藩的财政无论多么紧张、多么混乱，可总的来说，以"纳米"形式上缴的地租仍是税收的主要组成部分；如果财政年收入不够充足，就会额外强制征收"御用金"

和"冥加金"[1]之类的赋税。这一条是领主们的特权，而农民则是赋税的唯一负担者，正如本田利明所说"百姓如胡麻，越榨越出油"。劳苦大众一面承受着残酷的剥削，一面努力让自己不被饿死。不过，时代终究还是改变了：明治时期的政府尚不至于那样专制。明治四年，废藩置县，中央集权；明治五年，计量国土，划分出"官有"与"民有"；确立土地私有制，发放地券，允许土地自由买卖；采纳神奈川县令陆奥宗光的地租改革建议，以土地收益为标准，秉公调查和测算地价，以收益的 3% 作为地租上缴政府；将"物品纳"改为"货币纳"。明治六年六月，废除计量单位"石"；明治七年七月，面向全国颁发了地租改正的布告，大意是说，租税确实很重要，不过此前宽严轻重尚不公允平等，此后将力求公正公平。"今颁布地租改正法，庶冀赋无厚薄之弊，民无劳逸之偏。"

明治政府进行了地租改正，让民众负担起纳税义务，而允许土地自由买卖的相关政策还推动了土地改良思想的发展。另外，无论是丰收之年，还是饥馑之年，只要按要求纳了税，其他一切就都是自己的了。对于日本农业的发展而言，这无疑是件利国利民的好事。

---

[1] 冥加金：为了能安稳地生活而上缴报答领主的钱财。——译者注

三　求知识于世界

这里要讲的是明治政府开国时期所涉及的诸多事业。随着外交工作的一步步开展，明治时期的政治、社会、风气和思想均深受海外先进国家的影响，逐渐开明进化。

明治政府誓要"求知识于世界"，一改闭关锁国的政策，决定打开国门。就连平日里嚷嚷着"锁国以攘夷"的西南各藩也无一反对打开国门的政策。

明治元年正月十四日，京都的东久世通禧被政府派遣到长崎，与法、英、意、普、美等国公使会面，并将关于"大政复古"一事的公文通知拿给他们看，文曰：

> 日本国天皇，告各国帝王及其臣人，向者将军德川庆喜请归政权，制允之，内外政事亲裁之。乃曰，从前条约用大君名称，自今而后，当换以天皇称，而各国交换之职，专令有司等。各国公使，谅知斯旨。
>
> 庆应四年戊辰正月十日

同时亦下诏于国内，宣示了开国的大方针。

　　与时俯仰，和世界各国交好，让国家威严名扬海外；与此同时还在计划着更改幕府在各种条约中所签下那些不合理条款，为此后变更条约铺陈就绪。

　　当然，和各国交好这种事情，并不是所有民众都能接受的，坚持"攘夷"的顽固派仍然存在，而且还导致了两三次杀伤性的攘外事件。在岛津茂久、细川护久、松平庆永、山内丰信、浅野茂勋和毛利敬亲的一致建议下，天皇亲自出面接见了各国公使，很快便确定了向各国派驻使节这件事。从明治三年闰十月起，便有公使被陆续派驻到英、法、普、美等国，并在各条约国修建了领事馆或公使馆。德川幕府时期闭关锁国的局面就此被打破，日本终于敞开了大门，随之而来的便是日本文明的迅猛发展。无疑，这是明治政府的果决政绩，对内尊皇权，对外反压迫，一如既往地发挥出了日本人民勇于斗争的精神。

第三章

来自世界的冲击

一　嗜血的国家主义

"尊王攘夷"其实是为了推翻幕府统治而存在的口号，天皇在亲理朝政之后便创设了明治政府。与此同时，朝堂之人很快便改换了态度，变身为开国先驱。庆应三年四月十八日，岩仓具视公发布了公告，对开国要义做出了说明：

> 癸丑以来，朝廷固执锁国攘夷的主张，满朝皆将欧美各国看作丑夷；今依了德川庆喜的奏请，准许兵库开港的条约，自今中外平等待遇。

从幕府时代末期开始，日本国人便很少与国外人士有所往来了，人们十分清楚，海外各国的文化水平已远超日本。幕府时代末期，海外舰艇渡海而来，人们的爱国之心喷涌而出，热切企望能创设一个围绕在皇室周围的新兴政府。自此之后，"攘夷"的口号传开了，成为推翻幕府统治的最佳工具；明治政府得以成立，属于全体民众的国家也终于形成。为了能汲取欧美各国新兴文化，以此发展国内的方方面面，人们自然而然地接受了开放门户的方针政策。

于是这般，外交越来越频繁，商贸越来越繁盛，人们随时随地都能接触到先进文化了。各种海外文化令他们眼花缭乱，特别是物质文明。他们一面吸收着各种新兴的科学技术，一方面模仿着各国的制度和文明。从明治六七年伊始，直至明治二十年（1887）左右，国内的欧化主义长盛不衰，而这段时期即是日本的启蒙时代。

在这段时期内，日本的思想家们对欧美文化崇拜至极，他们要么怀揣着梦想环游世界，要么成为使节被派驻到海外。他们渴望能被那外国的风貌刺激一下神经，渴望能呼吸一下时代的气息，渴望能了解世界的局势，渴望能受到感化，然后重归故土，立于高位指引国民，巩固国家根基。

一览明治维新时的世界大观，审视日本文化的发展轨迹，不难发现，这一切都绝非偶然。

18 世纪末爆发的法国大革命掀起了一股全球浪潮。它是其他国家独立运动的驱动力，更是"革除封建制度，迈进新政社会"的世界潮流的源泉。与此同期，英国工业革命彻底改变了生产组织，为人类社会经济开创出了新局面。进入 19 世纪后，欧陆各国深受其影响，民众的生活水平日益提高，人口也越来越多；同时自由经济也带来了巨大的贫富差距，而且这种差距还越来越大；从事各种行业的工人成就了许多辉煌业绩，但他们的生活却一直穷困潦倒，在这种情况下，无产阶级应运而生。

这是社会组织形式的缺陷，而正是这种缺陷，将高唱着改

革之音的社会主义先驱者们推到了历史帷幕前。显然，1848 年
法国的二月革命并没有取得胜利；19 世纪中叶法国第二帝国时
期所采用的政策是极端且高压的，那是一个对出版、言论和舆
论肆意践踏的反动时期。在普鲁士，俾斯麦的地位逐日上升。
一方面，之前的北德意志关税同盟仍然存在；另一方面，普奥
战争过后，借着帝国主义政策的实施，又新组建了北德意志联
邦。普鲁士在同盟国中居主导地位，同时与南德意志各国结为
了攻守同盟，以防患于未然。因此，自 1860 年起，民众觉醒
后的呐喊声已与法国大革命时期的不同，不单单是渴望解放，
而是开始希冀更具实际意义的国民主义运动和帝国主义运动，
希望能从中收获自由和独立。

韦尔斯在其著作《世界史纲》中说道：

> 19 世纪，国家主义（民族主义）的主要观点是，主
> 权完整是各个国家的合理要求。换句话说，各个国家都
> 有权禁止他国干涉本国内政，有统管国土内一切事务的
> 权利。
>
> ……
>
> 在倡导国家主义的同一时期，列强中还宣扬着另一种
> 思想，即帝国主义。也就是某个强大或先进的国家认为，
> 自身有权对后进之国、政治尚不发达之国、未开化之国进
> 行统治，并应受到被统治国家的感激。"帝国"成了国家
> 成功的标准，也成了欧洲各国的政治思想。到了 19 世纪末，

这种政治思想在全球范围内蔓延开来，不可否认，它将所有与人类共同福祉有关的伟大思想都排除在外了。

这个时期是国家主义的强化（也就是朝着帝国主义方向发展）阶段，要不了多久，人类将迎来全球政治竞争、军备扩张的所谓武装和平时期，以及爆发于20世纪的惨绝人寰的世界大战。

在这里，我们无法对维新时期海外每个国家的具体情况进行详述。实际上，自明治初期伊始，朝堂中的思想家们便开始巡访欧洲，与各国文明进行紧密接触，而这对日本的政治改革和社会变革影响深远。此处只是择对其影响最深的德国，以及德法关系来阐述。

二　当普鲁士遇上法兰西

明治维新时期，德意志帝国成为世界外交界的新生力量。自19世纪末期至20世纪初期，德意志建立起统一帝国，此后不断巩固国家基业，并在20世纪成为强国，这个阶段它的政治基础是国家专制主义。德意志帝国统治国家的基本原则便是国家专制主义，除此之外，别无其他思想能让它如此快地发展壮大起来。当然，德意志之所以会走上国家专制主义的道路，肯定是有原因的。

自 18 世纪末起，德意志人开始重新关注古希腊的社会与文明，并从中演化出一种以"专制"为理想的政治倾向。与此同时，由哲学家黑格尔提出的"视国家为神圣不可侵犯之物"的思想成为主流。造成这种局面的原因主要是当时政治与社会的失和，以及经济上的困顿。为了解决这些现实问题，扭转国家局势，当局不得不统一国家语言以求团结一致，将产业集中到国家手中，并出台奖励机制以刺激人口增长，到最后便自然而然地形成了国家专制主义。此外，当局也在为侵占邻国做着准备，因为那些国家并不支持德意志的统一，是统一大业的巨大障碍。在殖民海外和扩张领土的过程中，德意志遇到了很多国家的奋起反抗。此前，德意志的战争向来都是德国人对德国人的交战，这些战争的胜利得归功于腓特烈大帝，纵然涉及了波兰和奥地利等地，不过总的说来，都是一拨德意志人战胜了另一拨德意志人。因此，德意志完成统一大业的时间要比法国等国晚得多。

从三十年战争到七年战争，再到拿破仑战争，皆是在德意志境内进行的。无论是维也纳会议过后的奥地利帝国首相克莱门斯·梅特涅，还是克里米亚战争过后的拿破仑三世，都在极力阻止德意志的独立，国内外阻碍的强度都很大。

再来看看德意志的海外政策。当时，非洲、远东地区和太平洋地区早已落入其他列强之手，所以德意志的海外扩张进行得一点也不顺利，然而德意志人在国家专制主义的"怂恿"下，不惜一切代价地向"目的地"发起了猛攻，并最终"意外"地获得了"成功"。

新兴的德意志能顺利走进"创业时代"，俾斯麦功不可没。

俾斯麦是勃兰登堡名门望族出身，毕业于哥廷根大学，1847年当选德意志联合会议员，是保守派的代表之一，此后历任驻俄大使和驻法大使，对于德国的未来，他是细细规划过的。

1861年，威廉一世继承了普鲁士王国的王位；第二年，俾斯麦出任普鲁士首相。他曾公开反对议会制，极尽嘲讽之意。在他看来，议会制不过是"口头上的政治"而已，宪法也不过是"一张废纸"罢了，国家行为应当听命于狂热的国家意志。他还夸下海口："想要统一德意志，不能靠'少数服从多数'的议会制，只能靠'铁'与'血'。"

在制定预算方案的会议上，俾斯麦提出增加赋税以增补军费，而为了达到自己的目的，他毫不犹豫地反抗议会，声称："预算方案是否能通过其实无关紧要，重要的是'国家'必须要有存在的必要，而这个'必要'，就是'权威'。"就这样，他对国王置若罔闻，继续实行着自己的一技之长——高压政策。尽管付出了巨大的代价，他依然践行着军制改革和军备扩充，希望能用这样的方法统一德意志。他满怀决绝的爱国之心，令人钦佩的气魄和坚定不移的信念，让"铁血政策"成为现实。

然而，想要完成德意志的统一大业，必然还要经历诸多磨砺。眼下首要的问题，是石勒苏益格公国和荷尔斯泰因公国的归属事宜，于是，1864 年普丹战争爆发了。

丹麦帝国曾以为自家的炮台至少可以撑个两三年，然而，拥有 6 万精锐士兵的普奥联军只用了短短 5 天就攻破了城池。随后，普鲁士与奥地利两国签下了《加斯泰因公约》。后来奥地利单方面废止了条约，致使《加斯泰因公约》成为一纸空文，德意志邦联也随之解体。这一切都是俾斯麦的外交策略，不能不说此策略是极其大胆且细致的。

普鲁士不仅拥有精锐的部队和先进的武器，还拥有毛奇将军的克敌之术，渐渐地，它的实力变得尤为凸显。1866 年，普奥两国发生了冲突，普鲁士人只用了 7 周的时间就把奥地利人打得溃不成军。至此，统治了德意志邦联千年之久的哈布斯堡家族终于跌下了神坛，德意志统一之路上的最大敌人终于被清除了。1867 年，普鲁士在莱茵河以北地区成立了北德意志邦联，拥有 22 个邦国，普鲁士坐上了邦联主席之位。此后，它又联合南德意志国家成立攻守同盟，急速迈入了强盛时代。

然而，在俾斯麦看来，想要统一德意志，还有个劲敌是不得不除的，那就是法国。

1848 年，二月革命失败之后，拿破仑三世，即拿破仑·波拿巴获得了 550 万人的推选，就任总统之位。他在执政期间出台了一些不错的政策，当然，究其根本还是为了自我满足。1852 年 12 月，他发动了政变，只用了短短几天就得到了广大民众的认同，被拥立为皇帝，成立了法兰西第二帝国。

他所采用的专制制度类似于奥地利帝国首相梅特涅的反动政策，尽管保留了民众选举投票的议会，但皇帝可以予以干涉，甚至随意操控。法国人民在大革命中用鲜血换来的自由与平等，此时已被夺走。这个国家原本对言论自由极为尊重，而此刻，无论是出版，还是言论，都受到了极为严苛的镇压。对于这种形势，法国历史学家瑟诺博司曾写道："如果有文章稍有不慎触犯了当局，一开始政府会警告发表文章的刊物；再犯，会责令停刊；如果'屡教不改'，刊物就只有被查封了。自 1852 年至 1853 年的 14 个月之间，当局发出了 91 次警告。评论稍有批评之意，马上便会收到警告处分。"他还写道："与个人自由有关的宣言虽然在宪法中历历可见，但现实是所有人都受到了警察们的密切监视，一有嫌疑就立马会被逮捕。"

由此可见，拿破仑三世实施的政策十分高压，不过从另一个角度来说，他在 18 世纪末所进行的"革命"和政治阴谋一直备受政界阻挠，这种不甚安定的现实状况让高压政策有了必然存在的道理。

拿破仑三世是心怀家国子民的，他的终极理想是国强民安。为了实现这样的理想，他也算是尽心尽力了。正因如此，国家秩序才得以逐渐回到正轨。课税的对象从必需品逐渐转移至奢侈品，军人的待遇得到了改善，铁路和运河等工程得以兴建，交通业日益发达。内治改革巩固了国家发展的根基，为日后的强大打下了坚实的基础。

尽管如此，拿破仑三世的帝国伟业，终究还是沦为俾斯麦的外交牺牲品。他未曾看清过普鲁士的不驯之心，因而误判了其实力，以致最终败北，国力大减。普奥战争期间，他坚持认为普鲁士会败下阵来，所以持着中立的态度，幻想着吞并比利时；他一面对普鲁士百般示好，一面又反对德意志统一，这一系列失败的外交政策皆是出自投机者拿破仑三世。不难看出，普法战争的爆发根源并不在法国民众身上，倒是他们的皇帝在引火上身。

当时，拿破仑三世远征墨西哥，最后却失败而归，国势萎靡。他想方设法地重建着自己在民众间的威信。他还一度想要收购卢森堡公国，不过由于遭到了普鲁士的反对而未能实现。

与此同时，在日本，德川幕府和萨长同盟起了冲突，而拿破仑三世为德川幕府提供了帮助。事实的确如此。当时，萨长同盟得到了英国的支持，而法国则为幕府出了不少力。

不过，因为此前在收购卢森堡公国这件事上存在分歧，再加上后来发生的西班牙王位继承等事件，普鲁士和法国的关系变得十分紧张，在这种情况下，法国不得不终止了对日本国内政治的干涉。对于日本而言，这实为一件好事。

普法战争爆发了，普鲁士派出了45万精锐士兵，在毛奇将军的领导下，仅用两周便动员完毕。而法国这边，不仅参战人数不多，而且还相当混乱，无论是军备还是军粮，都不够充足。因此，胜败早已显而易见。

1871年两国议和，签订了《法兰克福条约》，法国割让了阿尔萨斯和洛林等地，并赔款了十万美金。

就在这场战争期间，就在法国的凡尔赛宫，普鲁士国王威廉一世举行了德意志皇帝的加冕仪式，统一了德意志。时为1871 年，即明治三年。

三　普法战争的"后遗症"

新兴的德意志帝国在俾斯麦的全力建设下，可谓前程似锦。普法战争过后，新帝国在柏林召开了联邦会议，制定了新的宪法，宣布普鲁士国王正式成为帝国皇帝，世代掌管帝国；还设置了联邦参议院和帝国议会两个政治机构。当然，这两个机构并没有获得实权，仍然听命于帝国首相。皇帝拥有任免首相的权力，而且这种任免是无须经过联邦参议院和帝国议会商议的；首相则作为皇帝的代理人，负责政务的具体执行，只对皇帝负责。

根据德意志帝国宪法第十五条的规定："联邦参议院的议长席位和议事领导权，均属于由皇帝任命的首相。"居于首相之位的人原本就在普鲁士拥有最高级别的权力，因此表面上帝国议会采用了不记名投票的普选方式，力求按照人口比例、公开公平地选举首相，但实则毫无效用，可以说德意志帝国的议会形同虚设。尽管拥有宣战和休战等一系列职权，可完整的立法权并不在议会手中。所有法案都依附于首相的意志，如果议会不通过，那么就得原地解散，直到达成决议。当然，尽管如此，议会对首相的牵制作用，多多少少还是存在的。

德意志通过自身的政治哲学实现了统一，不过欧洲各国的关系并没有因此而缓和下来。普法战争失败之后，法国建立了法兰西第三共和国，继行政长官阿道夫·梯也尔之后，元帅麦克马洪登上了总统之位。他颁布了新的宪法，用民主主义努力经营着战败后的法国，努力恢复民生力量，还清了拖欠德国的战争赔款，逐渐成为一股蓬勃发展的新兴势力。

为了应对法国的政治复兴，德国和奥地利缔结了防御同盟，后来还招揽了意大利入盟，至此，三国同盟正式成立。与此同时，经历了俄土战争（1877—1878）的俄国，在柏林会议上对俾斯麦的政治策略表示了反对，此后便与德国渐行渐远，转而亲善起孤立无援的法国来，最终与法国结成了两国同盟。就这样，在欧洲大陆上，国际体系中的这两大势均力敌的系统，开始对立并行，相互制衡。

欧洲的局势纷乱紧张，而同一时期的日本，则处于明治维新之后，除旧迎新的混乱时期。正因如此，日本才免于被列强侵占，未受到太多干涉和压迫，从而得以自在地度过这多事之秋。

四　齐头并进的英俄意

再来打量一下英国的情况。如第一章所述，英国是较早发展议会制的国家，然而在 18 世纪至 19 世纪期间，英国爆发了数次政治解放运动，这意味着，它在民权方面的发展并不十分理想。

1832 年，辉格党[1]对内阁选举的方法进行了改革，实际上，这应该算是英国政治历史上的一场革命。此次改革取消了 68 个衰败选区，新增了 27 个新市府选区，议员人数也从 948 人增至 1598 人。此外，此次选举是以人口比例为标准的，因此为中产阶级提供了一定的政治舞台。

再往后，在英国，个人主义思想和自由主义思想逐渐步入滥觞期，而且主导了英国政坛风向长达 40 年。上述那场选举改革其实进行得并不彻底。在政治上，宪章派发起了工人运动，旨在为下层中产阶级和普通劳动者争取选举权；在经济上，爆发了要求废除《谷物法》的运动，而《谷物法》是

---

[1]　辉格党：英国历史上的一个政党，产生于 17 世纪末，19 世纪中叶演变为英国自由党。——译者注

以自由贸易为基础的。最终，该法案在作为保守派的皮尔执掌内阁期间（1846）被废除，而宪章运动则在政府镇压之下未能成功。不过，没过多久，自由党便开始在党内发起了改革，而后经由 1866 年、1885 年的两次法案修订，将选举权扩展至与普选几乎无异。

自此之后，自由党和保守党成为英国政坛上对立的两大政党。认为自由主义更为先进的格莱斯顿为近代自由主义在英国的发展打下了基础，而他的政敌则是笃信侵略外交的帝国主义者迪斯雷利。英国不断地进行着政治改革，循序渐进地完善着议会制，努力实现着自由主义。

这一时期，俄国的亚历山大二世冲破了旧习，克服了重重阻碍，于 1861 年解放了农奴，并开始实行土地私有制。在俄国国土上，农耕用地占地最广，现在终于重获生机，土地得到了改良，农作物产量也因此得以增加。民生安定，即是近代俄罗斯的坚实基础。除此之外，亚历山大二世还对地方行政进行了大力改革，譬如允许自治；在司法上，秘密主义被打破，公正公平的裁判制度取而代之。

可是，戈尔恰科夫在继任首相之位后，复又走上了专制之路，在侵略思想的怂恿下，竟然迈着扩张的脚步登上了巴尔干半岛，发动了俄土战争。

经历了 1859 年至 1861 年的复兴运动，在有志之士加里波第和加富尔大智大勇的建设下，意大利终于在 1871 年完成了统一大业。

1863 年，波兰的斯拉夫人发起了独立运动。

同一时期，美国也历经了巨大的磨砺，为日后的繁盛打下了基础。

五　突出重围的美国

1783 年，美国宣布独立，此后的发展势头十分迅猛，路易斯安那、佛罗里达和得克萨斯等地区扩张得相当迅速。然而，这样急促的扩张最终导致南北两地在利益上发生了冲突，进而在政治上反目成仇，这种针锋相对的势头日益凶猛。

在美国北部地区，各种生产行业十分繁荣，大都会得以兴起，劳动力多以自由人为主，因此局面更有利于贸易发展。美国南部地区尚停留在农业生产阶段，奴隶还是劳动力的主体，人们主要以种植棉花、谷物和烟草为生，局面并不利于自由经济。因为经济形势上的差别，北部的共和党与南部的民主党就奴隶问题争论不休，年复一年，愈加激烈。从思想水平的角度来说，北部民众多为欧洲移民，普遍接受过教育，所接触的知识也是先进的。而南部的人群则以奴隶为主，思想保守。

因此，南北殊途，对立理所当然。

1860 年，共和党领袖林肯荣登高位，无奈之下，南部各州只好结成联盟，并于第二年向北部发起了进攻。此后，便是长达 5 年的内战，史称"南北战争"。这场战争不仅旷日持久、死伤惨重，还导致美国欠下 27 亿美元的债务。战争期间，林肯总统颁布了《解放黑人奴隶宣言》。战争过后，南北合一，百废俱兴，民众的互助精神与国家意识迅速地发展起来，巩固了共和国的根基，也成就了国运亨通的基础。

南北战争激战正酣之时，法国拿破仑三世却将目光瞄准了内乱平息后不久的墨西哥，而墨西哥则打算借助举国之力建立起帝国。南北战争结束之后，美国拿出门罗宣言[1]抗议法国的行径，最终，拿破仑三世低头，美国达到了自己的目的。

自幕府时代末期起，日本和美国就开始频繁往来。尽管有过很多接触，不过总的来说，美国还是践行着门罗主义中"和平相处"和"不涉内政"的思想。这对于那个时期的日本来说，

---

[1]　门罗宣言：1823 年 12 月 2 日，美国总统门罗发表的宣言，内容大致如下：

第一条　欧洲各国倘若在北美大陆任何地区扶持势力，美国将认定其是在伺机破坏美国国家稳定。

第二条　欧洲各国政治与美国无关，但不包括践踏美国主权的行为。

第三条　对于北美大陆上已存在的欧洲各国殖民地，美国从不曾涉足，以后也不会涉足。

第四条　对于北美大陆上已被美国认定为具有独立主权的各国，倘若被他国干涉或欺压，美国将采取过当的处理方式。

第五条　关于俄国所提出的，美洲大陆西北岸地区应为俄国所有的要求，美国依照自由独立的精神，在此声明将维护国家利益。从今往后，欧洲各国不得将该地区视为殖民地。

（从抗议法国干涉墨西哥内政开始，门罗主义一直为美国沿用至今，不过内容偶尔会有些变化。）

的确是幸事。

在 19 世纪最后的二三十年里，纵观全球，不能不说是自由主义的丰收期，同时也是以国家主权问题为中心的时期，无论是何种形式与意义的主权问题。19 世纪末，绝大多数国家都解决了内政问题，并诞生了以"主权本位"为核心思想的新兴国家。

如果把这些争取自由的解放运动，和主权国家的建设发展综合起来考量的话，那么不可否认，日本的明治维新也算是顺应了这股世界潮流。另外，海外各个国家的形势也对日本维新后的政治发展和社会发展起到了间接作用。关于这一点，在日本后来的文化发展、思想演变和政治策略中可见一斑。

第四章
倏然来临的思想启蒙

一　启蒙时代的外国文化移入

明治时期最初的 20 年间，日本社会的思想状态还相当混沌。自开国以来，日文从未经历过如此紊乱的阶段。明治政府用"开国进取"取代了"尊王攘夷"的口号，亲善各国，吸纳先进文明；在国家治理方面，废除了阶级等级和特权，宣扬以皇室为中心的万民平等观念。在这个除旧迎新的时代，为了控制朝中政要和普通民众的思想，海外文化的翻译工作次第展开。不过，那时候的崇洋媚外之心太过极端，以致翻译工作毫无针对性，也毫不受限。从这个时候开始，直至后来融入了欧美先进国家，特别是英、美、德、法的思想体系，这些外来的思想一直影响着日本的政治、经济和社会的方方面面，为日后的明治文化做好了铺垫。

1600 年前，中国文化经由朝鲜传入了日本，先祖们将艰涩难懂的汉字改造成日本文字，体现出了惊人的消解能力。基于此，无论是儒家思想，还是佛教思想，都奇妙地融入了日本的本土文化。尽管维新之后日本迈入了"翻译时代"，但大和民族的优良传统和"以皇室为中心"的爱国思想仍旧熠熠生辉。到了明治后期国运亨通之时再回头一看，先前那个脱掉旧外套，换上新衣服，积极进取、上下求索的日本，令人惊叹。

在被德川幕府掌控了 300 年之后，日本封建制度忽地土崩瓦解了。维新过后，民生得到了彻底改革，这么做是为了迎合普通民众的想法。当然，为求逃脱旧时的牢笼，恐怕每个国家皆会将个人主义或自由主义作为核心理念。自由主义其实是源于自然法学派的政治思想，萌芽于法国，而个人主义则源自英国的曼彻斯特学派，这两种思想间接或直接地被引入了日本，而后兴盛一时。后来，由德系学者翻译的帝国主义，成了建立在国民觉醒基础上的理智的个人主义，并带着国家主义的倾向。

在这一章里，我们所论述的是政治思想和经济思想层面上的启蒙运动，因此只会涉及板垣退助、副岛种臣等人的民选议院在开展相关运动时所采用的政治思想，以及福泽谕吉信奉的功利主义。福泽谕吉是当时的民间思想家，极具真知灼见，对欧美文化有很深的见地，他用这些知识引导着日本社会，获得了巨大的反响。

二　木户孝允的意见书

明治六年十月二十三日，因为在征服朝鲜半岛，即"征韩"问题上出现了分歧，明治政府中的武断派与文治派莫名其妙地产生了间隙，不过武断派提出的进程表在当天就被获准了。基于此，于是当时的参议、陆军大将兼近卫都督西乡隆盛、参议兼外务省事务总裁副岛种臣、参议兼左院事务总裁后藤象二郎、参议板垣退助和江藤新平等人，因为这场内讧而相继辞去了职位，并表达出了失望之意。在这种情况下，国内局势便变得动荡不安，人心惶惶。

明治七年一月十八日，板垣退助等人将一纸建议书递至明治政府，建议创设"民选议院"。这是民权自由思想在当时日本政治上的具体表现，后来，与此事相关的议论是十分多的。

现在看来，探究和比较这些运动的根本政治思想、发展轨迹和实际成果，是一件非常有意思的事情。木户孝允跟随岩仓大使团遍历欧美，视察各国政治，刚归国就向当局提交了改制立宪的建议书。

他建议采用在政治上拥有规范（也就是宪法）的中央集权立宪政治体制去治理国家，只有这样才能让国家得到发展。为此，他提到了波兰的境遇，波兰因为内讧而被俄国、普鲁士和奥地利一而再、再而三地瓜分，并因此而国力大减，国内时常发生骚乱。1863 年开始，欧洲各国独立运动频发，但波兰却由于被俄国压制得厉害而国运颓然，贵族阶级与农民阶级的矛盾日益尖锐。他认为这是必然的，因为波兰没有政治上的规范。他还认为，日本在戊辰年（1868）颁布的《五条誓文》可以作为准宪法，并概述了欧洲各国立宪代议制度的情况，痛斥日本当前的状态根本谈不上"文明"，不仅政治混乱，而且没有中心法典作为政治基础。在他看来，制定宪法是日本的当务之急，而这只需要在《五条誓文》的基础上增加几条即可。

对于那个时期来说，关于立宪的建议不可谓不明智，只可惜纵然字里行间情深意切，却没能感化朝堂中人，也没有掀起广泛的讨论。

三　迟来的"轻率的进步"

明治七年，因为"征韩"问题下台的前参议副岛种臣、板垣退助、后藤象二郎、江藤新平，还有前东京府知事由利公正、前左少议官小室信夫、前大藏大臣冈本健三郎，以及古泽滋等人向政府提交了有关设立民选议院的建议书，痛斥了官吏制度的弊病，而这种思想在坊间早已盛行。他们据此建议，应让国民拥有参政的权利，"人民既然有纳税的义务，那么也应该有参政的权利，这是全世界的惯例，不用赘述，就算是官吏也不能违逆"。

这里所蕴含的精神，正是美国《独立宣言》的宗旨：没有参政的权利，就没有纳税的义务。

"关于设立民选议院，如今的反对人士总是说'我国国民没有知识，没有文化，尚未达到那么开明的程度，现在谈设立民选议院之事为时过早'。可是臣等却认为，如果真如他们所说，那么设立民选议院正好是提升国民文化素养，提高开明程度的好办法。要让人民拥有知识，应该先让他们拥有权利，让他们懂得自尊和自重……"

他们还从侧面证明了设立民选议院在国民政治教育上的必要性。在他们看来，就在一年前，"征韩"得到了舆论支持，却因为官吏的专断而无功而返。由此可见，设立一个可以代表民意的机构，是十分有必要的。当然，有学者认为，要求设立民选议院的行为，一开始并不是为了助推立宪政治体制的确立，也不能代表民众在政治上的诉求，而是那些因"征韩"问题而下台的政治人物对官吏的复仇。

对于"轻率的进步"和"为时过早"等问题，他们是这样解释的：

"对于'轻率的进步'这种说法，臣等完全不明其意，大概是仓皇行事的意思吧，但民选议院将会是庄严肃穆之地。……这只能证明，设立民选议院是十分有必要的，因为'进步'一词原本形容的就是这世上最好的事，万事万物都离不开'进步'，所以说，官吏们手中的矛头定然不是指向'进步'这个词的，而是指向'轻率的'，可是'轻率的'又和民选议院毫不相干。

至于'为时过早'的说法，臣等不仅想不通，而且还认为事实恰好相反。就算现在就开始筹备设立民选议院，那也要很长一段时间才能完成，臣等正为了'太迟'而发愁呢。……

那些官吏们还认为，'当前欧美各国的参议院都不是短期工程，而是一步一步摸索着前进的，我们不可仓皇效仿'。可是，一步一步摸索着前进的，岂止是参议院？所有的科学知识、机械技术皆是如此。其他国家之所以要累积百余年，是因为他们之前毫无根基，只能依靠发明创造和经验教训。如今，他们积累的一切都可以为我们所用了，那我们为何又不去借鉴？难道我们还要自己去发现蒸汽、去发明蒸汽机？或者自己去找出电气原理、去架起电线？臣等之所以提出设立民选议院，之所以要在这里辨析我国国民的进步程度是否适合设立民选议院，不是为了与反对此事的官吏们针锋相对，而是替广大民众伸张正义，为国民舆情慨然发声，是为了激励国家士气，力求万众一心，君臣相敬，国威远扬，国泰民安。请一定采纳！"

本书最初的稿件是由古泽滋和小室信夫撰写的，他们曾游学英国，对英国议会制的实行，以及参政权的发展深有体会，回归日本后又对日本的政治局面和社会现状有所洞察，发现日本还没有建立起和英国那样的立宪政治体制的真正的政治公议制度。

所谓的议政制度，实则被那两三个对维新有突出贡献的强大藩阀左右着；那些藩国肆意妄为，使日本受到了更大的毒害。

维新之后，藩阀政府所实施的治国方针主要围绕着"国家统一"和"国权扩张"这两点。因为中央集权政策的实行，国家统一已大体实现。至于国权扩张，被定义为：想要抗衡海外的先进国家，就必须先引进其文明，同时政府需要利用政策对方方面面进行干预；想要引导民众，就必须实行专政，只有采用官吏制管理国家，才能让国家兴盛起来，让国威发扬光大。

然而，专制主义必然会激发起自由解放运动。维新刚完成的时候，抵抗运动大多较为直接，因而常常引发战乱，后来才慢慢演变为言论之争。最后一次直接抵抗行动是西南战争，而要求设立民选议院则为言论之争拉开了帷幕。之所以会爆发这一系列"推翻藩阀政府，争夺自由民权"的运动，是因为用官吏制管理国家不可能增长国力，强大国权，只会重蹈明治初期的覆辙，应该用政治公议的方法取而代之。

明治七年一月十八日，关于设立民选议院的建议书在报纸《日新真事志》刊发出来。借着国民对这些政界人士的认同，以及时代的发展浪潮，这则新闻一时间耸动全国，反响强烈。

可是，明治政府对自身的优越性和权威性满怀信心，所以没有轻易地点头，而是用"为时过早"的辞令敷衍了事。

而后，副岛种臣、板垣退助等人计划组建爱国公党，建党宣言也是由《日新真事志》刊发的。只要读一读这个宣言便不难发现，它对民权的主张，完全是从西洋的政治思想翻译过来的。如下：

　　"人民的权利生而有之，为上天所赐，人人平等，且不以任何人意志而转移。但在国家发展还未正式开启之时，人民的权利很可能得不到保障。再加上，数百年以来，我国人民一直都在封建统治下像奴隶一样生存着，此时封建残余尚未根除。如果不进行改革，就不要奢望国盛民安。我们怀着一片赤诚之心，与志同道合者砥砺同行，倡导人民的权利，以求保全那上天所赐。这才是精忠爱国之道。"

　　这里所说的权利无疑就是天赋人权，与此相关的还有"社会契约论"。社会契约论是卢梭的思想见地，彼时风靡全球，是开启了世界历史的新纪元的思想，影响深远。法国的中央集权主义弊病最多，不仅宣扬皇权神授，还视人民为奴隶。在反抗的进程中，众多启蒙思想家鱼贯而出。后来出了卢梭，他不满足于启蒙阶段前期的思想——用理智调控心智，以此掌控命运——他深化了前期的思想，认为如果不能回归到人性最本真的状态，也就是赤诚原始状态，那么就无法建立起以生命为基础的真正的文明社会。卢梭的思想，是以感情的自然流露、生活的自然状态和人性的尊严为出发点的。如今看来，他的理论虽然还不够成熟，而且还有诸多自相矛盾之处，不过在那个时代，的确直接地影响了美国独立战争和法国大革命，足以唤醒社会，成为人心所向。社会契约论指出"不存在凌驾于他人之上的天赋权利，力量不可能衍生出权利，人的正当权利只存在于契约之下"。在卢梭看来，即便是由统治者与被统治者所构成的社会，也是以社会契约为基础的。权利也是从社会契约中衍生而出的。对于专制统治，卢梭认为："专制若要合法，不仅要得到世世代代人民的认可，还必须保留人民对它的否认权。但是，如真的存在这样的政治，也不再称其为专制了。"

明治六年至七年间，日本迎来了历史上前所未有的言论自由时代。在那个时期，旧时的政治制度和社会等级制已被废除，西洋思想开始涌动社会，而冲在最前面的正是以卢梭思想为代表的民权自由思想。

然而，当时也有人觉得，这种外来的思想会颠覆国家基础，给国家带来危机，所以主张在日本传统思想的基础上去谋求发展。

关于设立民选议院的建议书刊发出来之后，得到了越来越多的民众支持，相关的论争也越来越激烈。赞成德国国家主义思想的加藤弘之认为"为时过早"，并在《日新真事志》刊发了相关言论，维护了当局的利益。他的说辞是这样的：

> "主张政治公议自然是好事，不过这里面存在一个难点：公议未必是最明智的举措，即便对于文明开化的欧美各国而言也是如此，更何况是我们这个尚未完全开化的国家呢。"

他还认为英国的宪法制度是全欧洲唯一成功的。但其他国家尤有未及，尤其是在没有开化的日本，决不能一同共议国事。

　　他还提到，普鲁士国王虽然制定了宪法，并对民权进行了扩展，可并没有设立民选议院，这是因为在那个时候，普鲁士人民的文化程度普遍不高，还没有达到参政议政的水平。

　　接着，他又摆出了德国政治家比德曼的理论，认为应该采用适用于人民生活水平的政治制度。

　　于是，副岛种臣、后藤象二郎和板垣退助等人便要求古泽滋写反驳书。反驳书采用了很多穆勒的观点来驳斥德国的贤人政治学说，并解释了设立民选议院的紧要性。在当时的日本，穆勒是备受关注的一位学者。在19世纪后半叶，自由主义在英国思想界已发展得颇为纯熟，而穆勒正是诞生于此时的哲学家和经济学家。幼年时，他深受其父，即著名的政治家、经济学家詹姆斯·穆勒的影响。在哲学方面，他主张边沁的功利主义；在经济学方面，他站在曼彻斯特学派这边。不过，他对资本主义经济的未来怀有诸多疑虑，毕竟他是过渡时期的思想家。穆勒发表于1859年的《论自由》和发表于1861年的《代议制政府》这两部著作皆早已译成了日文，并对明治初期的政治思想产生了深远影响。作为实践型的政治家，1865年已步入晚年的他被推选为议员，主张修改选举法，允许"妇女参政"和"按比例推选代表"。

　　古泽滋曾在英国待了很久，做过很多研究，深受自由主义思想的影响。他反对德国国家主义专制制度，而将英国立宪代议制作为理想，认为日本也应该实行政治公议。

　　这场争论一直从明治时期持续到大正时期，一边是官僚政治家的想法，另一边则是追求政治公议者的观点。

和设立民选议院有关的议论，还有马场辰猪与加藤弘之的"底线战"，西周、森有礼等人也加入了激烈的论争。总之，这场争论在日本国内进行得可谓如火如荼。没过多久，木户孝允也因为与岩仓具视、大久保利通等人意见相左而下台；板垣退助则在土佐藩陆续组建了"立志社""爱国社"和"岳洋社"，倡导自由民权；西乡隆盛回到故乡鹿儿岛，大兴教育。除此之外，当时倡导自由民权的还有肥后的相爱社、名古屋的羁立社、松江的尚志社、松山的公共社、高松的立志社、常陆的潮来社、盘城的三师社和石阳社等。与此同时，因为浪人[1]生活得异常艰难，随时有可能引发混乱，所以当局不得不蓄积势力防患于未然。为了转移国民的注意力，明治七年五月，当局任命西乡从道为总司令，率军侵犯中国台湾；同时和民权论先锋人士议和，即大阪会议。

在大阪会议上，双方达成了妥协，木户孝允与板垣退助重回政府。明治八年（1875）四月十四日，当局颁布了开设国会的诏令，除了设立立法机构元老院之外，还设立了负责审判的大审院，不过大审院所获得的权力十分有限，实权还是集中在以大久保利通为代表的保守派中。专政仍在继续，大阪会议所出台的妥协政策很难落到实处，这种局面终究无法满足那两位民权主义者的意愿。很快，明治十年，西南战争就爆发了。尽

---

[1] 浪人：离开户籍地在外流浪的武士。——译者注

管西乡隆盛一方败北，反政府的热潮却愈演愈烈，争取民权自由的思想运动风起云涌，连绵不断。

在这种情况下，政府中的保守派不得不放出最后一招：对一切民权运动均采取高压政策。为了对抗高压政策，民间势力打算纵横全国，组织大型结社。明治十三年（1880）二月，茨城县21位民权主义者在筑波山集结完毕，而后联合茨城县80万民众请愿，要求开设国会。这一年，国会期成同盟会在大阪成立，并召集了数万人举行庞大的示威活动。

没过多久，木户孝允病逝，大久保利通也被暗杀，外务卿兼大藏卿大隈重信和伊藤博文成为政府核心成员。历史上著名的"北海道开拓使出售官产事件"便发生于这个时期。因为这起事件，藩阀政府与大阪商人之间的肮脏关系暴露无遗，一时间，寡头政治论、民权必要论，齐齐向政府袭来，民间的议论也越来越激烈。此后，思想稍稍进步的大隈重信及其追随者纷纷辞去了政府职务。而后，一众追随者中的矢野文雄、犬养毅、尾崎行雄、岛田三郎等人，打算组建新政党。

政府没有办法阻挡潮流的力量，不得不采取措施缓和民意。明治十四年（1881）十月十二日，政府发布了诏令，宣布将在明治二十三年（1890）开设国家议会。

明治十五年（1882）二月，为了给立宪做准备，伊藤博文等人遍历欧洲，向海外学者求取经验，尤其是德国铁血首相俾斯麦对他们的影响十分深远。如前文所述，日本当时的国情与新生的德意志颇为相似，因此伊藤博文等人在亲历了以官僚主义和军国主义为核心的国家专政制度之后深受启发，再加上后来又接触了鲁道夫·冯·格耐斯特和洛伦茨·冯·施泰因等人的宪法论，最终，他们变身为极端的国家主义者回到了日本。

同一时期，日本国内还活跃着以板垣退助和松田正久为代表的、深受法国思想影响的激进的自由党。与此相对的，还有主张英国立宪代议制度的稳健的立宪改进党，党派核心人物是辞去政务的大隈重信，主要成员包括前岛密、北畠治房、犬养毅、尾崎行雄等人。除此之外，地方结社的数量也相当可观，那些代表民意、抵抗政府的政党，自然而然地壮大起来。钟情于德国官僚主义的政府当局见形势不妙，一方面于明治十五年三月，偷偷委任福地源一郎等人组建"御用党派"立宪帝政党，和立宪民主党派对着干；另一方面，利用警察权来实行高压政策，企望将民主党一网打尽。

当局还频频发出"集会条例""新闻条例"等种种条例，以压制各方言论，限制各种运动。尽管如此，全国上下还是不可避免地爆发着反抗运动、政治谋变和暴力事件。政府只得变本加厉地滥用权力去极力抑制。福岛事件、高田事件、饭田事件、名古屋事件、静冈事件、大阪事件、秩父事件等各种事件层出不穷，整个社会混乱不堪。自明治十五年至明治十七年（1884），政府之所以要实行高压政策，无疑是想要将社会初生的自由主义思想扼杀在摇篮里。这几年不能不说是明治时期的恐怖阶段，也是日本立宪进程中的一大败笔，更为日后的发展埋下了难以清除的病灶。

从明治十七年末到明治十八年（1885），自由党、立宪改进党、立宪帝政党，以及蓄势待发的民间结社，陆续解散了。至此，各种政党渐次销声匿迹。

所有的这些都是在模仿以俾斯麦为中心的德国社会党的镇压策略。伊藤博文企图借此机会清理政党，好让官僚主义一家独大。除此之外，伊藤博文还计划通过帝国大学"培养"官吏，并聘用了很多德国人来"教授"国家主义思想。甚至把修正过的"四民平等"政策又改了回去，并制定出《华族令》来区别对待旧时的特权阶级和庶民，企图使藩阀政权的基础得到巩固。

四　费尽苦心的明治天皇

为了做好立宪的准备，明治十八年十二月，伊藤博文对政府机构进行了"改革"。他废除了太政官下辖的各个部门，重新组建了内阁，自己担任内阁总理大臣，还设置了外务大臣、内务大臣、大藏大臣、陆军大臣、海军大臣、司法大臣、文部大臣、农商务大臣、递信大臣，以及宫内大臣、内大臣，其中宫内大臣和内大臣是直属宫廷内部的。

至于制定宪法一事，宫内省在明治十七年时就已开设了制度调查局，由伊藤博文带队编制宪法，而幕僚井上毅、金子坚太郎、伊东巳代治等人也有参与其中。

　　制度调查局没有被设立在立法机构元老院中，而是出现在宫内省里，显然是想避开自由民权主义的干扰。另外，伊藤博文深知自己作为德国国家主义者，所编写的草案定然会引发普通民众的质疑，与此相关的舆情也定然会相当激烈，所以还是悄无声息地把事情做完为好。

　　就这样，在明治十九年（1886）至明治二十年间，宪法草案在伊藤博文的别府中完成了，并于明治二十一年（1888）四月在枢密院中进行了秘密审议，天皇也在与会者之列。彼时，枢密院议长正是伊藤博文，出席会议的还有皇族、各位大臣和枢密院顾问官。与会者主要有三条实美、胜安房、大木乔任、东久世通禧、鸟尾小弥太、副岛种臣、川村纯义、佐佐木高行、寺岛宗则、榎本武扬、品川弥二郎、野村靖、佐野常民、福冈孝悌等人，且大多都是保守派。在伊藤博文的草案中，议会被设定为仅负责商议国事的机构，该设定遭到了副岛种臣的强烈反对。

　　在审议过程中，明治天皇时常会做出一些颇为先进的裁断，对此，伊藤博文曾感慨地说："那个时候，纵然枢密院里里外外都涌动着极端保守主义的暗潮，不过天皇的裁断却总带着先进的自由主义思想，正因如此，我国国民才有机会拥有如今的宪法。"天皇向来"钟情"立宪政治体制，在明治八年设立了元老院；在明治九年，命有栖川宫炽仁亲王即位元老院议长，颁布了制定宪法的诏书。他传召有栖川宫炽仁前往别宫，将英国人阿尔弗斯·托德所著的《英国议会政府》一书拿给他看，让他参考相关模式。不难看出，天皇早就在研究英国一派的议会制度了，因而可以说他是立宪政治的支持者。

日本宪法是日本传统政治思想的沿袭，就其制定的具体过程来看，尽管未能逃脱特权阶级的钦定，但不可否认，它确实是在先进思想的指引下完成的。

然而，伊藤博文和藩阀系的政治家们所指定的日本立宪政治体制更偏向德国模式，并将英国的责任内阁制排除在外。对此，可以参阅明治二十二年（1889）二月十二日，即宪法颁布的第二天，总理大臣黑田清隆在任命地方长官时的训教之言，以及十五日枢密院议长伊藤博文在参加府县会议时的演讲。黑田清隆在宣布政府施政方针时是这么说的："宪法自然不可能采纳民众的意见。每个人的政治意见都不尽相同，拥有相同政见的人联合起来就形成了政治党派，这种情况在所难免。不过政府采取的方针政策需要立足于党派之外，保持最公正的立场。各位理应特别注意这一点，在管理民众时不可偏向任何党派，因此推动国家的发展壮大！"

由此可见，他们认为只有拥有超然于各党派之外的内阁，国家才会有强大起来的希望；而以任何党派为基础，都违逆了不偏不倚的宗旨。这显然是在摈斥英国的政党制度，而迎合德国的贤人政治。在此基础之上，保守派人士才有机会提出"信任论"。不得不说，藩阀政府是阻碍日本宪政发展的毒瘤。

另外，作为左右宪法制定的决策者，枢密院议长伊藤博文表示："天皇一统家国，首相从旁协助，而协助之事必然会涉及分工。天皇高高在上，独立于党派之外，不会做出有利于某党而不利于他党的事情，而会始终保持中立。如果政府受控于某党派，将十分危险。……或许在某些时候会出现有利于某政党的局面，不过相反的情形也有可能出现。在民间，党派的发展是无法阻挡的，然而在政府中，他们想要发展恐怕很难。……就我国的国家政治体制而言，天皇拥有国家的统治权和首相的任免权；首相的人选是否有足够威望，能否胜任，皆由天皇自行判断。当然，被选作首相的人理应能够肩负起一国之责，且心怀国家安危。今后要开议会，问政于公议的时候，如果想要即刻用议会制（也就是政党制）组建内阁，是相当危险的。"

细细看来，这即是在说，内阁官员的任免权在天皇手里，与议会无关，而且政党制极其危险。这无疑是在用德国非议会政治阐释宪法。

这是议会制发展的必经之路。尽管宪法的制定采用了钦定的方式，不过好歹还是发展出了"政党本位"的内阁制，而宪法的实施也逐渐转向民主政治方向。大势所趋，非人力所能阻止。

明治二十一年十二月十七日，宪法草案正式出台，同时出台的还有了《皇室典范》《议院法》《众议院议员选举法》《贵族院令》和《会计法》等重要的法律规范。

明治二十二年二月十一日，适逢皇祖的祭日，在皇宫正殿之上，在文武百官的欢呼声中，在万众一心的期待下，庄严肃穆的宪法发布仪式正式举行，由此奠定了立宪政治体制政体的根基。

五　功利主义下的思想开拓

明治时期是日本的思想启蒙时期，是日本文明史上的一座里程碑。不断涌入的英美先进思想在潜移默化间，对日本民众的思想产生了十分重要的影响。对于日本当时及日后的文明发展而言，先行者们的影响力是巨大的。他们注定不会被历史遗忘，譬如福泽谕吉。

他所著的书，大大小小算下来有六十几部，发行总量高达 340 万册，内容涉及政治、经济、社会以及各种科学领域等。这些书皆以彼时日本民众的需求和阅读能力为前提，切合实际地翻译和阐释了欧美文化的精要，并对适合日本的部分进行了移植，旨在创建新时代的日本文明。这些书都是大众读物，文字通俗易懂，所以起到了启蒙民众的作用。最畅销的作品是《劝学篇》，从明治五年起，直至明治九年，一共编辑发行了 17 次，内容为各种必备的生活常识。截至明治十六年（1883），此书就已发行了 70 万册之多，读过这本书的人多到令人震惊。出版于明治二年的《西洋事情》主要记述了国外的银行制度、邮政制度、征兵制度，以及医学制度等，初版和再版加起来，总发行量超过了 25 万册，由此可见此书对民众的启发是很大的。

天保五年，福泽谕吉出生于丰前国中津藩的一个藩士家庭。安政元年，21 岁的福泽谕吉来到了长崎学习，后又在绪方洪庵的私塾里学习兰学[1]，主攻理科；安政五年（1858）后前往江户执教兰学并学习英学；翌年，跟随幕府使节团前往美国游学；文久二年，跟随使节团遍历欧美；庆应二年，第三次游历外海，去了美国。不过此次回国之后，他便远离了政治，转而创办了庆应义塾，专注于青年教育，并以笔墨为利器宣扬新兴思想，成为时代的引路人。

这两种思想在其所著的《福翁自传》中可见：

> "我满怀热情，希望能使西学在日本得到普及，希望能以此让日本成为富强、文明的国度，所以才开办了私塾来传播西学；正因如此，那些顽固不化、尚未觉醒之人才会对我满心猜忌。
>
> 我的教育理念，一方面是尊重自然规律，重视数理，毕竟世间万物的命运无不由此而生；另一方面，就道德观而言，生命在万事万物中居于至高无上的地位，是最值得尊重的事物，人们不必对追求独立这件事心生不安。这其实就是：如果将西洋与东洋自古以来的发展历程和发展速

---

[1] 兰学：即荷兰的最新知识和科学技术。——译者注

度进行对比，便不难发现，其差异是令人震惊的。二者均形成了各自的道德观念和经济理论，然而在强兵富国方面，在'最大多数人的最大幸福'方面，东洋终究无法和西洋相提并论的。"

当时，自由民权主义和功利主义正盛行欧美，福泽谕吉即是这些思想的拥趸。同一时期的日本，在政治上，强烈鼓吹自由平等的人除了福泽谕吉，还有板垣退助、副岛种臣、大隈重信等人；在现实中，民权运动也正开展得如火如荼。在这些方面，福泽谕吉也是有先见之明的：

"上天不会创造人上人，也不会创造人下人；生而为人，不存在贵贱之分；作为万物之灵，应凭借各种身心活动，利用一切自然资源，满足衣、食、住等的需要，自由自在地生活，彼此无碍，安享时光……"

这段话正是《劝学篇》的开篇。显而易见，欧洲的人权思想对他影响至深，所以他才会极力倡导尊重人权的理念。奥地利法学家安东·门格尔提出的三大经济基本权，以及被日本视为社会哲学而被广泛议论的"生存权"，莫不立足于此。

以福泽谕吉的功利主义思想为主的学潮，在明治维新之后极大地影响了日本国民的生活。他不仅以强兵富国为最重要的任务，重视实体达用，而且还主张个人主义经济思想。不得不说，福泽谕吉是引领日本文明走向欧美资本主义的第一人。

从幕府时代末期到明治时期，日本历经了海外各国的军事侵略，此后又在新兴的时代里接触到了西洋思想，便开始以军事发展为己任，认为唯有如此才能抗衡海外列国。对此，福泽谕吉在其著作《文明论概略》中写道："有一部分关注国家大事的人……认为外交上的逆境是军事实力不够强大造成的，只要军事实力强大起来就能对抗形势，所以应该扩充海军和陆军的军备。……英国拥有千艘军舰，然而，他们并不只拥有军舰千艘，还拥有万艘商船。拥有商船万艘即意味着拥有海员10万，而那些海员，不可能不懂相关知识。所以说，有学问的人要多，懂商贸的人也要多，法律要完备，商业也要发达，只有万事俱备才能满足运营千艘军舰的需求，而后才能拥有军舰千艘。……就算能够用军舰和大炮抵挡他国的军舰和大炮，但在经济方面却无以能敌。"

在他看来，扩充军备理应待到实现"殖产兴业"之后，而要实现"殖产兴业"，则需要完成和落实相应的政治制度。政治制度的落实，又要求国民道德观的改变，以及基本的社会知识的发展，这一切都不可流于形式，而应该脚踏实地。

要阐释福泽谕吉的功利主义思想，则先要了解英国哲学家边沁的功利主义思想。我们需要探讨一下资本主义文明的科学基础，具有指导意义的经济学正统学派的基本原理，并对边沁的思想体系进行研究。诚然，想要把这两种思想放在一起进行比较和评判，不管巧不巧妙、合不合适，都绝非易事，而且很有可能会出现失误。然而，不管在何种社会中，引领时代发展的思想先知能力都是超然卓绝的，特别是在后世看来，那样的丰功伟绩实为显著，且易于研究。

19世纪时，工业革命爆发后，英国逐渐发展成为近代工业国家。从19世纪中叶起，发展的重心从工业逐渐转向自由贸易，国力日趋强大，帝国资本主义进入了全盛期，至此，英国成为世界霸主。至于这个时代的根本思想，就历史发展轨迹而言，19世纪中叶的英国，个人主义来势汹汹，究其思想基础：经济方面有亚当·斯密的资本主义经济学，法律与伦理方面则有边沁的功利主义理论。边沁理论是有关伦理与法律的新观念，对当时英国的法律修正影响至深。另外，边沁理论也是斯密经济学的思想基础，核心是功利哲学。最终，个人主义经济学和边沁理论殊途同归。劈开边沁的功利主义思想，便无法阐释斯密的个人主义经济学。就思想史而言，斯密经济学之所以能成为日后的正统经济学，是因为它以利己主义和个人主义为重大前提，而这背后的伦理支撑则来自边沁的理论。

边沁所提出的有关伦理、法理和经济的理论，源头皆是功利主义。他在1789年出版的《道德与立法原理导论》一书的序言中提道：

　　"功利主义原理是指，根据某种行为是在增大或是在减少利害关系者幸福，换句话说，是在促进或是在妨碍幸福，来赞成或反对某种行为。"

另外，在 1802 年出版的《民事与刑事立法论》一书的首卷中，他对功利主义做了如下说明：

> "大自然把人类困在了快乐与痛苦这两个国度中，人类的所有思想都受到它们的控制。无论是判断还是命运都不出其外。人类想要挣脱束缚，却最终无功而返。纵然人们在力求不沉溺于最大的快乐，并勇于承担起最大的痛苦，但本性中依然是渴望快乐而逃避痛苦的。必须要设法让这亘古不变且无法反抗的法则成为立法者和道德家们的研究课题。功利主义的原理即是让万事万物皆服从于这两个动机。"

功利主义伦理学的方方面面早已被世人所探究，反对者的说辞是这样的：这种理论是"结果说"，完全忽略了行为动机，针对的只是"量上的快乐"，而非"质上的快乐"。不过，当功利主义成为社会思潮时，这些反驳之词就没有用了。这便是"最大幸福原则"，也就是说，社会由个体组成，因此谋求社会利益最大化，就是谋求绝大多数人的幸福最大化，法律的确立和政策的制定都必须遵循"最大幸福原则"。

福泽谕吉的思想算不上是一种系统的科学理论，毕竟，他受到了日本的历史发展和时代背景的束缚。不过，挣脱了幕府时代旧思想的禁锢，成为国民思想领袖的他，无疑是伟大的。

他遍历欧美各国，将功利主义思想带了回来，为推翻封建道德体系而呐喊，勇敢率直地倡导新的道德基础。他将自己的主张化作常识性读物，摆到了日本国民的书桌上，放进了日本国土的每个角落。他在解释"天理人道"时，完全承袭了边沁的理论和思想：

> "一位忠臣侍奉两位主人，……算不得有违天理人道。年纪轻轻的寡妇，若是剃了头发做起了尼姑，守着吊死了丈夫的菩提树，是顺应了天理人道；若是再婚，生下子女，好好教育，也是顺应天理人道。在当今时代，如果说兄弟姐妹结为夫妻是有违天理人道的，那么亚当和夏娃的孩子又该和谁结婚呢？另外，据《日本书纪》记载，仁德天皇立八田皇女为后，而八田皇女是天皇的亲妹妹。现在的人一定会觉得难以理解，可在那个时候，也是符合天理人道的。"

总之，在福泽谕吉看来，道德观并非亘古不变，而会随着时代的发展而演化，究其根本，以催生实际利益来增进人类幸福的行为就是"人道"，也就是"善"，反之则是"恶"。对此，边沁的解释是：

> "不光是表现在商业上，不管何时何地，人们都是在为争取个人利益而采取行动，也就是说，个人主义不仅会

表现在经济方面，也会表现在伦理方面。一切拥有理性思维能力的动物，都会以幸福的最大化作为自身的奋斗目标。没有人能比自己更了解自己，没有人能对别人的快乐苦痛进行衡量。"

斯密将自然法思想理论视为基础，而边沁则将功利主义思想视为基础，认为个体在满足自身利益的同时，还获得了由个体组成的社会的集体幸福。

在探究边沁理论的过程中，不难发现，其功利主义思想和经济学脉脉相通。著名的美国经济史学家、《论哲学经济学之关系》一书的作者詹姆斯·博纳认为，"在英国，哲学层面上的功利主义能完美地融入经济学当中，得归功于边沁"。在边沁眼中，个体才是最了解自身幸福的。他和斯密一样，将"自由放任"视为理想，在法律理论方面，也站在自由主义和民主主义一边。

福泽谕吉所主张的伦理思想主要体现在"独立自尊"四个字上，可以说是承袭了以"自由竞争"为核心理念的个人主义思想。站在经济思想史的角度来看，这与斯密的个人主义，以及自由放任主义没什么本质区别，主要针对的是19世纪末兴起于英国的团体主义思想。福泽谕吉认为：

"上天有好生之德，尽管勤奋能给人带来更好的生活，不过从其他角度说来，追名逐利也是人之常情。所有的人都会涌向那有利可图之处，往那拥挤的人群里钻，皆想从中分得一杯羹，这就是所谓的竞争。谦谦君子们虽然向来清心寡欲，可锦衣玉食既不可能从天而降，也不可能就地冒出，但凡身体还没变成朽木一桩，就不得不为了这家里的食住，为了那世上的相交，为了不劳烦他人，而力求得到一份独立，不得不在这场竞争中辛苦忙碌。在人们的生活中，'独立精神'实难化为真正意义上的独立，更多的还是有形的财富，而想要获得财富也是极为不易的。"

边沁的门生们都是很厉害的人，边沁的思想正是由他们在英国国土上进一步发扬光大的。这些人包括詹姆斯·穆勒、大卫·李嘉图、托马斯·罗伯特·马尔萨斯、约翰·斯图尔特·穆勒、约翰·朗肖·奥斯丁、约瑟夫·休谟等。他们活跃于当时的知识界和社会实践领域，向广大民众传播边沁的思想。

在思想混沌的明治初期，福泽谕吉是位杰出的政治家，同时还专注于社会教育，始终倡导着有利于日本资本主义发展的功利主义思想，因此他也是一位卓越的思想家。说起他的光辉业绩，不仅有以"独立自尊"为校训的庆应义塾，还有经济学的传播和人才的培养，以及为未来实业界培育出的强大势力。尽管人们有时候会质疑他的思想和人格，不过他对后世的巨大影响是不容置疑的。

第五章

遗老们的自救

一　"敬天爱人"的中村敬宇

如上一章所述，福泽谕吉的功利主义思想在日本得到了普及。另外，与其同期的田口卯吉也著有《自由交易日本经济论》，早早就开始为自由贸易铺路。明治初期，日本国内经济学的发展秉承了英国正统经济学的风气，这得归功于福泽谕吉、田口卯吉等人。除此之外，教育领域也深受这方面的影响，高举起自由主义教育理论与自然主义教育理论的大旗。

思想启蒙时期的欧化主义者们想方设法地效仿着西洋文明，尤其沉迷于西洋的物质文明无法自拔；他们急不可耐地想要将先进文明移植到日本国土之上，以期能与列强对等并立。然而，他们终究只模仿到了一些最浅显的文化模式。

谈及那个重视功利实用的年代，中村敬宇[1]定然是不能不说的人物。他以扎实的理论功底倡导精神文明，积极抵抗着风头正旺的物质主义思潮；他致力于儒家思想与基督教的调和，将基督教所宣扬的博爱精神和孔子所坚持的伦理观念结合了起来。

中村敬宇在小石川组建了同人社，为诸多年轻人做指引，

---

[1]　中村敬宇（1832—1891）：又名中村正直，别名敬宇。——译者注

和福泽谕吉的庆应义塾针锋相对。他的翻译作品也有很多，受到当时思想界广泛认同的有《西国立志编》《自由之理》和《西洋品行论》等。幕府时代末期，他便去了英国，研究学习英国文化；他用杰出的汉学素养来剖析西洋文明的精要，并发现其根基正是基督教。不仅如此，他还从基督教中看出了孔子的儒家思想，并用基督教对儒家思想进行了阐释，还憧憬着将基督教引入日本。他翻译了塞缪尔·斯迈尔斯的《自助论》（又名《自己拯救自己》），译名为《西国立志编》。在那个崇尚"物质万能主义"的年代，他为那些渴求精神食粮的人们注入了一剂清醒剂，其丰功伟绩和福泽谕吉不相上下。只需阅读《西国立志编》第一章的序言，便可一览其思想风貌：

余译此书，客有过而问者曰："子何不译兵书？"余曰："子谓兵强则国赖以治安乎？且谓西国之强由于兵乎？是大不然。夫西国之强，由于人民笃信天道，由于人民有自由之权，由于政宽法公。……盖国者，人众相合之称，故人人品行正，则风俗美；风俗美，则一国协和。合成一体，强何足言？……夫人知天命之可畏，以真实之心，行善良之事。一人如此，一家如此，一国如此，天下如此。爱日仁风，四海合驱，慈云和气，六合皇祥。如此，则亦何有乎甲兵铁炮之用哉！？"

他深居简出，被时人誉为"小石川圣人"，并不若同时期的福泽谕吉那样时常奔波在外。明治时期的思想界深受其品德的影响，而且这种影响力持续了很长一段时期。

二　文明的对峙

明治二十年前后，日本国内的欧化主义达到了巅峰时期。在那些年里，东京日比谷的鹿鸣馆会为国内外绅士名媛们举办舞会。此外，明治二十四年（1891）四月，总理大臣伊藤博文还在自己府邸开了一场化装舞会，适时地搭上了当时的主流文化。那时候对西洋文明的效仿，以及对西洋思想的吸收，都是极端化了的。没过多久便激发起了反抗思潮，以致保守派所提出的"保存国粹论"有了抬头的机会。其实，这逆历史潮流而动的"国粹主义"由来已久。明治维新过后，为了废除此前签订的不平等通商条约，明治政府不遗余力地发展着国力，努力让国内的文物制度向欧美看齐，从而导致欧化主义盛行。然而在当时那个年代，就已经有采取了实际行动的反动运动，直到明治十年才全面结束。明治十一年（1878），藤井惟勉打出了"祖先崇拜论"的旗号；明治十二年，田中知邦开始宣扬神道，西村茂树等人开始抵制基督教，以儒家思想为基础的道德论得到了发展。这些都意味着，国人渐渐从欧化主义中走了出来，并猛然发现日本的传统文化并不比欧美文化差。在这种情况下，反抗的思潮日趋汹涌起来。

明治二十年，"保存国粹论"的势头更强劲了，足以和欧化主义抗衡。基于此，日本思想界又陷入了混乱，失去了方向。创办于明治二十一年四月的政教社后来成了"保存国粹论"的中坚力量，召集了包括三宅雄次郎[1]、志贺重昂、杉浦重刚、井上圆了、菊地熊太郎和岛地默雷在内的诸多政坛名人，还发行了杂志《日本人》[2]。这对当时日本国民的影响还是比较大的。与之相对的是经营着杂志《国民之友》的德富苏峰一派，他们宣扬着欧化主义，视"国粹论"者为顽疾。

"国粹论"者在《日本人》杂志的创刊号里写道：

> 当今日本，是创业阶段的日本。……当下最紧要的，是选择适合日本国民和国土的宗教、教育、艺术、政治，以及生产制度。

持反对意见的德富苏峰一派则提出："如果国家情感激增，世界情感锐减；国家理想壮大，国民理想颓然；保守思想长存，进取之心磨灭，那么日本就会失去活力。"他们认为，"国粹万能"是腐朽的思想，于新时代无益。

---

[1] 三宅雄次郎 (1860—1945)：又名三宅雪岭，原名雄二郎。日本明治、大正、昭和时期评论家。——译者注

[2] 《日本人》：三宅雪岭、志贺重昂等人宣扬国粹主义的舆论工具，后更名为《日本及日本人》。——译者注

　　在这个欧化主义与国粹论针锋相对的时期，信仰儒家思想、神道和佛家的人极力摈斥着日益占据上风的基督教，认为基督教是对日本政治和国家安定毫无益处的邪教，于是想尽办法抨击。与此同时，基督的早期信徒们则辩解说，基督教所秉持的世界主义思想及博爱主义思想，和日本传统的忠君爱国思想并非水火不容。接下来，我们将详细探讨这个问题，并对明治初期之后，基督教在日本的发展历程进行梳理。

三　基督教逆流而上

　　明治元年，太政官颁布了《神佛判然令》，将"神"和"佛"断然分离。这么做的缘由是，基督教的逐渐兴盛让日本传统宗教呈现颓然渐衰的趋势[1]。许多神社佛阁因为寺录没有印上黑印而失去了领地，从而在经济上备受打击。从明治元年到明治二年，在富山、多度津、松本、鹿儿岛等地爆发了废佛毁寺运动，许多寺院和佛像遭到了损毁，各宗教派别的发展完全停滞。明治五年，神道和佛教两派开始谋划合并之事，并联手创设了大教院。不过神道和佛教终究无法完美相融，因而在明治八年时，真言宗各派陆续离开了大教院。与此同时，太政大臣也颁

---

[1]　实为巩固天皇地位。——译者注

布了诏令，宣布废除教部省直辖的大教院。此后，佛教各派便通过各自的宗义来宣扬其信仰。基督教曾一度被全面禁止，因为德川幕府认定它是邪教；明治政府上台之后，也在明治元年四月颁布了相关禁令。在长崎的浦上村，村民们一直遵循着先祖遗训而暗地里信仰罗马天主教，后来趁着幕府苟延残喘之时，于长崎租界中建立起教会，因此明治政府才重新发布了禁令。

随着开国政策方针的逐渐落实，以及与海外各国的频繁互动，明治三年四月之后，外务省开始考虑解除禁令。这年十月，岩仓具视等人由美归国，认为禁止基督教即意味着将他国视为异教国，不利于实现"废除不平等条约"这个大目标。最终，明治六年二月，政府对外国使臣发了解除宗教禁令的照会。

就这样，基督教各派东山再起，在日本各地开设教会，开办宗教学校。明治八年，上州人新岛襄在京都成立了传播基督教的同志社。新岛襄曾在明治元年[1]前往美国，进入美国阿默斯特学院学习，毕业后成为一名牧师，而后回到了日本。横井时雄、浮田和民、海老名弹正、金森道伦、小崎弘道、安部矶雄、宫川经辉、德富苏峰等著名人士，在明治九年熊本洋学校解散之后，结盟于熊本郊区的花冈山，立志要以基督教革新日本思想界。后来，这些人聚在了新岛襄门下。因为怀揣着炽热的信仰，他们逐渐成为发展日本基督教的核心人士。

新岛襄曾誓以基督教拯救日本，然而不幸的是，他早早

---

[1]　此处有误，应为 1864 年。——译者注

地就离开了人世。明治九年秋，作为开拓使长官的黑田清隆
开办了札幌农学校，聘请了来自美国的克拉克博士教授农学，
并默许他讲授《圣经》。除此之外，明治学院、青山学院等
宗教学校也在东京应运而生。

基督教能有如此大的发展，离不开当时自由民权主义者的
帮助，因为无论是自由民权思想还是基督教，都是外来的西洋
文明。板垣退助早已聘请牧师讲授教义，岛田三郎、片冈健吉
等民权主义者也是教徒。这便是基督教所坚持的世界主义，与
民权思想中的自由平等主义的共情之处。然而，斗转星移，民
权运动逐渐到达白热化阶段，争斗也愈发激烈，于是，它再也
无法与基督教所倡导的无抵抗主义和平共处了。明治十七年左
右，由植村正久所著的《真理一斑》与小崎弘道所著的《政教
新论》陆续出版发行，在欧化主义势头正猛时宣扬神的存在，
劝说人们进行祈祷，对基督教的发展产生了很大影响。与之相
对的是，加藤弘之等人则极力传播着进化论，但影响很小。

明治二十年，国粹论蓬勃发展起来，无论是在神道界，
还是在佛教界，都在极力排斥基督教。在日本国内，政治、文
学、社会、教育等方方面面，一场大争论终于爆发了。如前文
所述，明治二十一年，国粹论者成立了政教社，从保护国粹的
角度来抵制外来宗教。稍早时候，明治十八年九月，井上圆了
所著的《破邪新论》出版发行，书中列举了基督教十二个不合
理之处，比如"天地创造论"。又用佛教的唯心主义思想判定
其有违学理，对此，书中写道："佛教为道德体系中的宗教，

是知识社会的教条，文明越是发达，学理的重要性就越突显，而佛教也就不可能不兴盛。"又说，佛教是日本的本土宗教，而外来的基督教所传播的是海外思想，不可不抵制。

明治二十三年，惟神学舍成立，创刊《随在天神》，倡导神道；落合直文编发了《日本文学全书》，开始颂扬国文。在这个时期，基督教因受到佛教和其他教派的排斥而陷入了困境。宪法颁布之后，"国体论"随之而来。在各种思想乱作一团之时，天皇发布了教育敕语，重启了传统道德律，为国民思想的发展指明了方向。而这一切，对于基督教的发展肯定是不利的。除此之外，还发生了第一高等学校教师、基督徒内村鉴三的不敬事件，以及同情基督教的文部大臣森有礼的不敬事件。在颁布宪法的当天清晨，正赶往宫中的一位神官的儿子竟然被暗杀了。诸如此类的事件对基督教来说，可谓有百害而无一利，是其发展道路上的巨大阻碍。

在这阵思想潮流当中，加藤弘之开始宣扬"尚祖"思想，认为任由神道被基督教压制，是对先祖的不敬，应该尽快将基督教驱逐出境。明治二十五年（1892），《教育敕语衍义》一书的作者、信奉大乘佛教的井上哲次郎在《教育时论》杂志发表长篇论文《教育和宗教的冲突》，对基督教进行了批判。该论文大意如下：

"教育敕语立足于国家主义，而基督教立足于反国家主义，所以其教徒们必然会反对教育敕语。基督教宣扬博爱，认为父母兄弟与他人无异。然而，不好好经营现世的生活，一心只求自己来世能幸福圆满，那是对父母的大不敬。基督教置我国道德根脉'崇尚先祖'于不顾，认为除了神之外众生平等，不认同尊重天皇的思想，摒除了忠君的精神，也不关心国家兴衰。因此，那些身在日本而心在西洋的教徒们，当然不可能在思想上与坚守'国体尊严'的教育敕语保持一致。……"

这一论点得到了很多抵制基督教的佛教徒和教育家们的支持。与之相对的，横井时雄、高桥五郎、宫川经辉等人则始终在为基督教发声，到日本各地召开教徒大会，发表演说，与时论针锋相对。植村正久的《现今的宗教论及道德论》是支持基督教的典型言论，其主旨如下：

"基督教倡导热心救世，是神所在的国度。它坚持敬神爱人的思想，以'爱人类共同的神'为基础，教导人们爱世人。我们应该用正义的方式去爱国家。至于尊重天皇一事，在《圣经·新约》中就有；基督教绝不会认可'不忠'。"

这样的争论不过是儒家思想、神道和佛教的子弟们，在欧化主义盛行的当时所做出的反击，并期望通过抵制外来宗教来摆脱自身困境。想要赶上这阵思想潮流，他们只能利用国家主义、忠君爱国思想以及利己主义来压制基督教的发展，同时对国粹主义示好。

在此期间，中日甲午战争爆发，试探基督教态度的时候到了。对内，基督教组织起了同志会，以"义勇奉公"为宗旨；对外，派出教徒慰问战士，做了不少活动。战争激发起了国民自觉，人们高喊起了国家主义、帝国主义和军国主义的口号。佛教徒处处发表支持国家的言论，给予国民以指导；而基督徒则受制于本教精神，而无法完全站在国家这一边。于是基督教再次遭受冲击，很多名士在战后离开了教会。从宗教立场上来说，佛教徒在政治上颇有眼光，懂得审时度势，并以此光耀了宗门，可在觉悟上却不算得先进。而基督徒一边承受着国内言论的打压，一边坚守着自身信仰，危难之时还不忘宗义教诲，这样的宗教态度的确是极好的。

除了佛教徒，国粹论者在阐述己见时通常也没有固定的理论依据，只是说不可胡乱效仿欧美文化，必须保存国粹，不可沉迷于海外文明而丢失了本国文化的精髓。这些道貌岸然的理论，说到底不过是伴随着国民的反抗而随意发露出来的观点而已。从明治初期起，在"开国进取"的口号下，日本日益成为欧化主义的天下，年复一年，越来越甚。最终，国粹论在不甘屈服于欧化主义，国民精神重整旗鼓，政治、宗教、教育等各个领域都表现出了排外的倾向，处处与欧化主义短兵相接。

国粹论者一面坚持着原有的主张，一面却对排斥欧化主义、树立积极理想无所作为，因而被一些人贴上了"保守的迷顽之徒"的标签。

不过，国粹论的主张虽然看起来很可笑，但在那个对西洋文明极端崇拜的时期，也确实巩固了传统，激发出了人民骨子里的民族精神，打击了欧化主义，唤醒了国民意识。就明治时期的历史而言，它的功绩和影响是不容置疑的。同时，它也是中日甲午战争期间，日本主义兴盛一时的基础。

第六章

国民的觉醒

一 无法言说的中日甲午战争

明治后期，日本的国家势力十分高调地向海外发展了。

韦尔斯在其《世界史纲》一书中谈到了 19 世纪的日本，他写道：

> 对于中国，我们已经进行过讨论了。不过，在亚细亚民族的光复之路，先行者却不是中国，而是日本，纵然日本的地位向来不甚重要。那种闭关锁国的文化状态，对于实现人类的共同目标来说，并无贡献可言。

一个地处远东，刚刚发展起来的小国家不可思议地越过了巨大的中国，肩负着东洋民族的命运进入了世界外交体系。究其原因，该是明治维新之后，军国主义者利用欧化主义引进了海外先进的文明。换句话说，守旧的大中国被博采众长的新日本超越了。

自古以来，以朝鲜为中心，中日两国纷争不断，解决无道。东亚的这两个国家无法并立，发生冲突是迟早的事。明治二十三年，第一次帝国议会召开。此后，为了扩充军备，日本国内上下付出了巨大的努力和牺牲，最终让计划得以顺利实施。

　　明治十五年至明治十七年，朝鲜国内事件频发。为了解决朝鲜问题，明治十八年四月，明治政府和中国清政府签订了《天津会议专条》。此后，清政府逐渐开始干预朝鲜政务，朝鲜爆发甲午农民战争。袁世凯作为中国公使请求日本出兵[1]，而日本在得知消息后即刻派兵前往，然而最后却引发中日甲午战争[2]。

　　这场战争，日本获胜。明治二十八年（1895）四月，中日签订《下关条约》（即《马关条约》），条款为十一条，主要内容为：强迫中国承认朝鲜的独立完整；强迫中国将辽东半岛、台湾岛及附属岛屿、澎湖列岛割让给日本；要求中国赔偿库平银二亿两；强迫中国增开四个通商口岸，即沙市、重庆、苏州和杭州。

　　然而，条约签订后一星期不到，就遭到了俄国、德国和法国的干涉。从 19 世纪后半叶起，俄国一直在向东扩张，自1861 年开设通商口岸以来，更是对满蒙地区和朝鲜野心昭昭。如今见中日签订了《下关条约》，俄国便计划着，一方面要牵制对日亲善的英国，另一方面要阻止日本扶植满蒙新势力，于是便联合德国和法国予以干涉，提出："日本强占辽东半岛，

---

　　[1]　实为按《天津会议专条》约定，告知日本，将据朝要求出兵。——译者注

　　[2]　日本要求朝鲜废弃中朝的宗属关系未果，悍然发动战争。——译者注

对中国北京造成了直接威胁，也让朝鲜的独立成为一纸空谈，终会破坏远东地区一直以来的和平稳定，理应尽早放弃！"日本无力对抗，只能同意。

同年五月十日，日本政府颁布诏令，提醒国民要奋发图强，切莫耽误了兴邦立国的大事。民众深受刺激，群情激昂，日本社会一时间充满了呐喊声。

与此同时，列强为了能将势力扩张到远东地区，争斗愈发激烈起来。本来只是英俄对立的局面，后来又掺和进了德国和法国，以致接下来的十年，局势一直混乱不堪。

二　与世界汇合

中日甲午战争的结局让日本国民坚信，日本已经独立于世界，并成为东亚地区最强大的国家。既然如此，那就更应该立足于发扬国威，促醒国民，并为之奋斗。然而，这样的"自信"却给了军国主义和官僚主义可乘之机。另外，中日甲午战争让日本有机会在列强面前一展实力，国际地位随之上升，在国际竞争中也有了一席之地，由此可见，以军事为核心的政策或许真的是高效的。考虑到远东地区未来的发展，同时也是出于对中国崛起的担心，日本开始想尽办法扩充军备，以备不时之需。因为控制住了国民意识，所以军国主义借机得势。这个时期，因为战争，世界经济出现了通货膨胀，因此明治维新之后逐渐发展起来的产业陷入了困境。如果政府不给予支持和保护，便无法与海外各国竞争。这种对政府的依赖和求助，让官僚主义飞扬跋扈起来。

如前文所说，"促醒国民"的主张，后来逐渐演变成了"创造日本独有文化"的新思想。一方面国民的意识在觉醒，另一方面国家受制于俄、德、法三国干涉，在这种情况下，日本思想界出现了巨大的转变，迎来了由国粹论衍生出来的日本主义。

明治三十年（1897），高山樗牛、井上哲次郎、汤本武比古、木村鹰太郎和元良勇次郎等人首次提出了日本主义。不过在此之前的明治二十八年，汤本武比古在其《日本伦理学》一书中提到，忠孝两全是日本自古以来的道德观念，国民理应谨记与遵循；明治二十九年（1896），柴川峡治在《教育敕语》的启发下，创建了以"尚祖"思想为核心的大日本教教会。诸如此类的事件，不可不重视。

这些运动和思想为日本主义的诞生埋下了伏笔。对于日本主义，高山樗牛满怀希望地说：

"日本主义在国民思想方面的理想相当宏大；它依据一定的标准让全国人民的思想得到了统一，其影响十分深远。它所坚持的'一定的标准'，是立足于国体和民性，经过科学研究而得出的；它所做出的选择和取舍不像从前那些主义一样模糊，所以不可避免地一时间在社会中掀起了波澜。这新兴的思想运动对于明治时期思想的发展而言至关重要，因而……"

高山樗牛的话未必全都正确，不过明治维新过后，国民思想的确在随着时代发展而转变着，不过是受到了感化或影响，而并没有从根本上真正地觉醒，也没有自我反省过，所以他们的思想既不透彻也不深刻。不过，中日甲午战争过后，人们开始站在促醒国民的角度看问题，再参考国际形势来分析、批判、检查和讨论，而后才形成主张。显而易见，这是一种进步。这既意味着日本国民思想在奋力前行，也意味着日本思想界已走上独立之路。从这个层面上来看，日本主义和欧化主义、国粹论不太一样，它以统一国民思想为前提，经过了一系列考察和研究，既尊重了在国际环境中的政治立场，又尊重了历史和传统。

明治三十年五月，《太阳》杂志刊发了一篇高山樗牛所写的宣扬日本主义的文章《日本主义》。在高山樗牛看来，日本主义就是"日本国民应该奉行的主义"，无论是崇尚先祖的思想，还是忠君爱国的精神，是每个人都应该做到的。

其实他的说辞和国粹论者的说辞大同小异，只是国家主义的演变，却又带着些许向往和平的色彩，而像这样自相矛盾之处还有不少。换个角度来说，日本主义因为受到了战争的影响，因此生而就有帝国主义的影子。

高山樗牛一派向来专断独行，不认可任何宗教，也不正视宗教本质，眼中只有宗教的缺陷，指责宗教有违国民性情，有悖日本精神，阻碍了日本的发展。显然，他们因为太现实而忘记了，奈良朝和平安朝时期，日本可是流行佛教文化的国度。

除了高山樗牛之外，木村鹰太郎也写了一篇《日本主义国教论》来宣扬日本主义，他甚至还提出，日本主义应该被定为国教。同期，倡导日本主义的还有井上哲次郎、汤本武比古等人。实际运动方面，他们创立了大日本协会，并发行了机关杂志《日本主义》。

不过，虽然日本主义听起来志存高远，可实际上却空洞贫乏，断言的成分很大，民众的反感之心也就油然而生了。渐渐地，日本主义失了民心，继而又被宣扬世界主义的基督徒所排斥，还被其他诸多论敌所抨击，没过多久便走上了下坡路。

可以说，世界主义和日本主义的关系，如同当下备受议论的国际主义与国民主义的关系一样，是对立的。至于它们到底孰好孰坏，始终没有定论。

在那个时候，倡导世界主义的正是基督教。作为基督徒，小崎弘道、大西祝等人对日本主义充满了敌意，认为它很狭隘，不过是实践道德的组成部分而已。《太阳》杂志刊发了高山樗牛的一篇文章，是有关日本主义和世界主义的，而高山樗牛是日本主义的支持者。另外，浮田和民则用"帝国主义"替代了"日本主义"，企图让其在日本国内外的民众中得到发展，让远东地区各个国家保持独立，让亚细亚各国积极变革，让东西方文明顺利融合。

综上所述，不管是日本主义，还是世界主义，皆是从日本国民觉醒中走出的爱国主义思想。其区别在于：一个是期望以日本为中心来推动全球发展，另一个则是期望日本能活跃在全球文化的舞台上。

上述思想具体表现为《安政五国条约》终于得以修改，这是日本国内上下冀望数年之事。明治维新过后，明治政府一直对这些条约耿耿于怀。为了能够改约，政府平息了诸多纷争，克服了重重困难，在伊藤博文组建的首个内阁的外务大臣陆奥宗光的奔走下，终于在明治二十七年（1894）七月十六日，和英国签订了新的条约。因为在战争中取得了胜利，列强也都陆陆续续地同意了更改条约一事。明治三十年十二月，《安政五国条约》彻底被废除。

明治三十五年（1902）一月，日本和英国签订了《英日同盟条约》。

此前，因为俄、德、法三国的干涉，在远东问题上，英国放弃了坚守了许久的"光荣孤立"外交政策，转而对日本进行扶植，计划借力日本来维持自己在远东地区的地位，与俄、德、法三国抗衡。如此看来，中日甲午战争所推动的日本主义、国家主义和帝国主义，不是向着和平去的，倒是催生了军事上的膨胀主义，或者说军阀政治、军国主义。尽管是时势所趋，可是战争的的确确是极大的罪恶。

针对社会、国家等客观实体的思想得以宣扬，同时针对个体生命的研究也未甘落后，在道德、伦理和宗教领域别开生面，促进了国民的觉醒。

高山樗牛为人生难题所困，转而宣扬起德国哲学家尼采的思想，反对基督教的禁欲主义，主张"美的本质是生活"理论和本能革命。他开诚布公地表达了对日本思想界的不满，批判传统道德观的伪善。

纲岛梁川在宗教中找到了信仰，并视其为安身立命之处；坪内逍遥有感于战后日本社会的浅薄，开始奋力倡导社会教育的必要性；桑木严翼创办了丁酉伦理会，并发行了《丁酉伦理会演讲集》。

三 无产阶级的萌动

社会和个体的觉醒，社会和经济的新发展，孕育出了劳工组合和社会主义思想。18 世纪发生了英国工业革命和法国大革命，资产阶级进行了革命，完成了历史任务。如今看来，资产阶级的革命是有功也有过的。废除封建制，实现民主制，这个功劳被马克思阐释得很清楚。马克思在《共产党宣言》[1]

---

[1] 《共产党宣言》是马克思和恩格斯共同为共产主义同盟起草的纲领，1848 年在伦敦出版。

中提道：

> 资产阶级在它的不到 100 年的阶级统治中所创造的
> 生产力，比过去一切世代创造的全部生产力还要多，还
> 要大。自然力的征服，机器的采用，化学在工业和农业
> 中的应用，轮船的行驶，铁路的通行，电报的使用，整
> 个大陆的开垦，河川的通航，仿佛用法术从地下呼唤出
> 来的大量人口——过去哪一个世纪料想到在社会劳动里
> 蕴藏有这样的生产力呢？

中产阶级缔造了资本主义，由此将人类带进了最耀眼的
时代。不过，既然有光，就必定有影。代表广大劳动人民的无
产阶级也随之登上了历史舞台。当充满自由竞争和自由放任主
义的世界经济发展到某个特定阶段时，在物质生活上备受压
迫、倍感苦闷的无产阶级者们，搬出了市民阶级当初所要求的
自由平等原则，奋起追求解放。他们是微小的，因而只能以团
结的力量与有产阶级对抗。他们发起了劳动组织，开始倡导社
会主义。

明治维新时期，日本推翻了封建统治，进行了第一次工业
革命，以实业家为代表的工商中产阶级的社会地位节节攀升。
随着西洋文明逐渐进入日本，国民经济复苏，商贸愈加兴盛，
工业也越来越繁荣。一方面，日本国内万众一心；另一方面，
在明治中期，又赢得中日甲午战争的胜利，推动了资本主义经

济的快速发展。就进程而言，和欧美各国无异，因此在日本国内会出现劳工组合与社会主义运动，也不足为奇。

在出版于1852年的《路易·波拿巴的雾月十八日》一书中，马克思说道：

> 资产阶级革命，例如18世纪的革命，总是突飞猛进，接连不断地取得胜利的；革命的戏剧效果一个胜似一个，人和事物好像是被五彩缤纷的火光所照耀，每天都充满极乐狂欢；然而这种革命为时短暂，很快就达到自己的顶点，而社会在还未学会清醒地领略其疾风暴雨时期的成果前，一直是沉溺于长期的酒醉状态。

19世纪，无产阶级革命爆发。尽管是在朝着理想循序渐进，但马克思主义发展出强大的势力其实是后来的事了。早在19世纪30年代，英国的罗伯特·欧文就已开始热烈倡导社会主义，改进党员也开始发起各种运动。社会主义不是学者们的闲话，也不是"异类思想"，而是作为思想界的新势力活跃在社会上的。1884年，亨利·迈尔斯·海德门和威廉·莫里斯等人组织起了社会民主联盟（原名民主联盟）。同年，莫里斯自成一派，成立了社会主义同盟。这些社会主义者通过出版论著和组织运动发扬着马克思主义。

再来看看此时的德国。1875年，一直互相攻讦的全德工人联合会（拉萨尔派）与倍倍尔及李卜克内西组建的德国社会民主工党，在《哥达纲领》的基础上握手言和，合并为德国社会主义工人党。

在法国，"大革命"过后出现了哲学家、社会学家圣西门；1848 年二月革命时出现了路易·勃朗，赫赫有名的国家工场计划；1877 年，盖得创办了《平等报》，以倡导马克思主义，为法国社会主义运动拉开了序幕。而法国社会主义运动的核心势力——劳工总联盟（法国总工会）的成立则是 19 世纪 80 年代以后的事。

对比一下即可知，欧洲各国和日本的社会主义运动的发展进程，其实并没什么太大差异。

德川幕府实行的闭关锁国政策持续了 300 年之久，以致 19 世纪后半叶，日本仍为封建制度所困，只能利用土地资本来维持自给自足的经济。明治维新过后，产业结构发生了变化，社会发展越来越快，逐渐走上了资本主义道路。

中日甲午战争过后，日本国民慢慢觉醒，眼光渐渐长远，思想家们也敏感地捕捉着欧美的先进理念。

在接下来的一章里我们将探讨，在中日甲午战争过后，伴随着经济高速发展而出现的工人组织和社会主义运动的初始情况，并与前文所述的欧美运动做些比较。

四　劳动者的声音

明治维新之后，日本资本主义迅猛地发展了起来，与此同时，工人组织和社会主义运动也有了明显的发展。

明治维新之初，在引入自由民权思想的同时，"社会党"这一名词也随之传入了日本。明治六年至七年前后是日本言论自由的全盛时代，国家主义者加藤弘之在《国体新论》中宣扬极端自由主义。要是搁到现在，肯定会马上招来大麻烦。那时候，"社会党"和"共产党"这种说法已十分流行。明治十五年五月，日本出现了最早的社会主义组织，即大和人樽井藤吉、赤松泰助等人创建的东洋社会党，不过没过多久，便被政府取缔了。东洋社会党的党纲为以下三条：

一、以道德为言行规范。

二、以平等为主义。

三、以社会公众的最大福利为目的。

此时的社会主义尚没有独立立场，只是立足于日本传统思想。说到工人组织，我们来看一下明治十六年的东京。因为马车铁道的出现，洋车夫们的工作岌岌可危，生活也变得潦倒不堪。于是，自由党人奥宫健之、三浦龟吉、植木盛枝、伊藤仁太郎、栗原亮一等，组织了车界党（或称车会党），反对铺设马车铁道。他们在神田的明神山集结起数千洋车夫，发表了有关"废止马车铁道"的演说，不过很快就被政府镇压下去。组织者被关进了监狱，运动被迫中止。在那个时候，就失业问题同仇敌忾，发起社会运动，替劳苦大众发声，诸如此类的事件事实上很值得回味。除此之外，各地还陆续组织起"借金党"等各种小型组织，它们皆是自由民权运动的未尽之势。

明治三十年，职工义友会成立；明治三十一年（1898），社会问题研究会成立。稍早时候，翻译引入了欧美各国兴起的有关社会主义劳动问题的新理论，由此，社会主义思想在日本进入了宣传推广期。与此同时，自由党人也在宣扬"自由民权"和"开设国家议会"的理想，不过遭遇了政府的压制，还惹出了不少麻烦。

明治二十年二月，德富苏峰创建的民友社出版发行《国民之友》杂志，翻译刊登了亨利·乔治的论文，乔治正是单一地价税理论的提出者。这篇论文主要阐述了俄国革命党人所发起的运动，以及欧洲5月1日示威运动等，以宣传社会主义思想。除此之外，该社还翻译出版发行了英国作家爱德华·卡彭特写的《文明产生的原因及其对策》和《现时的社会主义》等文章。自由党创办的《自由新闻》杂志社拥有江口三省、金森通伦、上野岩太郎等有志之士，他们对过时的自由主义心怀不满，继而开始主张社会主义，并在杂志上刊发了有关普选、土地国有等理论文章。亨利·乔治和伊里教授等人所撰写的有关社会主义的论著陆续被翻译为日文。《日本评论》《六合杂志》等杂志也在风风火火地探讨着各种社会问题，文章主要由植村正久、金井延博士等人执笔。此外，从法国归来的中江兆民成为自由党的先锋人物。大井宪太郎创立了新政党东洋自由党，主张保护劳动者权益，发行了《新东洋》周刊，并将"调整财政政策，在国家经济力所能及的情况下保养民力（特别要保护贫困劳动者）"写入了党纲。东洋自由党的下属机构包括日本劳动协会和普选期成同盟会。不过，该党存在的时间不长，也没能组织起任何大运动。有关"社会主义的社会问题"，出版发行的论著还包括斯波贞吉的《国家的社会论》、石谷富藏的《社会主义纲领》和《社会党琐闻》、城常太郎的《济世危言》等。于是，在探讨社会问题的同时，社会主义思想在日本得到了普及。

在这里，我们不妨来看看当时刊发出来的三种观点，或许能一窥那时候社会主义思想的大体风貌：

"我国已经出现了国家社会主义。它的出现，不但不是为了抵制民主社会主义，反而是给民主社会主义的发展创造了条件。只需看看德国近来的情况，便不难理解了。既然如此，民主社会主义怎么就不可能发生在我国呢？"

（酒井雄三郎《社会问题》，《国民之友》载。）

"贵族社会与平民社会的炼狱已经结束，事到如今，代议士占了上风，于是触发了与经济利益相关的社会问题。尽管在法律上拥有平等的权利，可在此基础之上，有产者大多还在剥削压迫着无产者，这种情况的弊病在于，贫民成了富民的奴隶。"（生原盛之《平民主义》，《自由平等经纶》明治二十四年四月载。）

"唯愿出现行业协会之类的组织，就像友爱互助的协会，人们各自拿出部分收入置于其中。组合中若有人生病遭灾，或者遇到什么别的不幸之事，在核实情况下便可给予帮助。如果有事发生，就联合起来，组成罢工的同盟。"（社会评论《劳动者的呐喊》，《国民之友》明治二十三年五月载。）

资本主义在发展，贫富差距在加大。为了与富人作斗争，这些有志之士勇敢地为平民发声。在政府的压制下，奋起宣告日本社会主义的诞生。由此可见，日本的阶级斗争历程，与欧美各国无异。

五　一日千里的不仅仅是经济

明治二十八年那场战争对日本经济产生了巨大的影响。除了得到高额的赔偿金和中国台湾地区之外，朝鲜也被划入了日本的势力范围。统治阶级得意忘形，一方面高喊着"以振兴产业为第一要务"的口号，掀起了创办企业的热潮；另一方面极力扩充军备，以此谋求国运亨通，可以说，所有的国家政策都在朝着帝国主义倾斜。忽然间，日本变成了产业国、工业国、资本万能国，不断引进先进的科学技术和机械设备，开设各种各样的工厂；"实业能让人变得有钱，而有钱就能控制社会"。这种唯利是图的想法深深地刺激着那时的日本国民，越来越多的人从乡村走向了城市，从田间农民变身为无产阶级劳动者，迫不及待地朝着近代工业文明前行。就社会经济的现实状况而言，在明治二十三年的时候，日本国内的铁路干线还在 500 公里左右；进入 20 世纪之后，在明治三十三年（1900），铁路干线的总长度已翻了 5 倍。中日甲午战争后的明治二十九年，因为得到了政府的大额补助，国内外的航海线路也增多了不少。在商贸方面，明治元年的商贸总额为 2600 万元；到了明治三十年，商贸总额则超过了 5 亿元。尽管国民经济在发展，国库收入有所增加，但随着财政政策的膨胀，国民的负担也越来越重了。大致情况如下表：

表一

	明治二十六年六月	明治二十九年
有限公司	1135 家	1471 家
有限公司资本	108190719 元	189384092 元
商行	135 家	1197 家
商行资本	62916100 元	211432042 元

表二

	明治二十八年以前	明治二十九年	明治三十六年
国库收入	90000000 元	100000000 元	239000000 元
人均	218 钱[1]	465 钱	567 钱

了解了这些情况，就不难理解这样的结果：创办企业的热潮渐盛，劳动者人数增加，劳动收入减少；资本开始累积，无产者利益受损；纳税额度增加，物价上升；人口越来越多，生活越来越苦。一系列的社会问题，再加上一系列的劳动问题，最终必然会催生出社会主义思想。

明治三十年之后，由战争带来的利好局面终究遇到了打击。

---

[1] 1871 年日本制定《新货条例》，规定货币名称为元、钱、厘。元为基本货币单位，钱为元的百分之一，厘为钱的十分之一。——译者注

随着日本经济陷入停滞状态，越来越多的劳动者收入降低或失业，国内频繁发生劳动争议事件。报刊纷纷讨论劳动问题和社会问题，《国民之友》和《万朝报》等报刊对劳动者表达了同情，并发表了激进的言论。

明治三十年四月，日本职工义友会成立，开启了工人组织的先河。早在明治二十三年前后，一帮在美国旧金山学习的有志青年，在见识和研究了美国的劳动运动之后，在当地创办了职工义友会。明治二十九年，他们回到了国内，组建起日本职工义友会。最早的职工义友会是由城常太郎和泽田半之助在东京创办的，随后，高野房太郎、片山潜等留美归国人士、岛田三郎、松村介石等有志之士，纷纷加入了进来。

职工义友会在创立之初，向各个工厂发放了名为《告职工诸君书》的小册子，上面详细讲解了职工义友会的组织形式和组织纲领。不过，职工义友会的出现还算不上是政治运动，只能说它是一种工人组织，归根结底，它是在模仿美国劳工联合会。在那个时期，美国工人组织的发展形势大致如下：1881 年（明治十四年），各工人组织的 107 名代表集结于匹兹堡，成立了"有组织行业工会与劳工会联合会"，第一任主席是塞缪尔·龚帕斯。然而，由于基础不够牢固，资金不够充足，最终还是无疾而终。1886 年，烟草工人斯切塞与联合会的书记福斯特等五位干事，在俄亥俄州哥伦布市会合，集结了 21 个劳动组织的代表，成立了美国劳工联合会，代表联合会共计 316469 名成员，龚帕斯当选主席。这就是工人组织在美国的发展历程。美国劳工联合会以收取会费和发放执照为主要经济来源，并制定了发展方针：承认各职业自治权，扩大与增强联合会势力。因为要顺势而为，所以采取了较为温和的斗争方式。他们脚踏实地巩固着根基，维护着工人组织的权益。势力由此逐渐壮大，终于在美国劳动运动史上开辟出一片新天地。

在日本，最早的工人组织宣传文章即是《告职工诸君书》，其要点是从美国工人组织思想中提炼出来的：

> "在近期这般形势之下，随着制造工厂的与日俱增，我国国民的雇主和各位的关系每天都在发生着变化，在实际利益面前，已无感情可言。强者胜，弱者败，处于优势的会日益昌盛，处于劣势的会走向末路，时代的趋势即是如此，因此要顺利地发展下去绝非易事。各位自当清醒过来，切莫被他人置于困境；确保自身在竞争中的地位，乃是重中之重。"

言下之意便是，应该时刻准备着与资本家们进行斗争。该文还强调了无产阶级在工业文明时代所遭遇的艰难困苦，以催生他们的奋起之心；还提到，以劳动换取生活的无产者，理应鼓起勇气确保自身地位，谋求发展。至于手段，则不支持过于激烈的社会革命运动，而主张循序渐进的工人运动方式，追求稳定团结，希望以集体的力量去对抗残酷的剥削者。另外，文

章还以英美各国工人组织的罢工活动为例，对众志成城的集体
力量进行了展示。

"缓慢而坚实、温和而彻底、平稳而有序地实现目标，
各位只应采用这样的方式。在此，我们希望各位能组建同
业组合，组建的方法如下：

一、在同一郡市内，七人及以上同业者集结一体，即
为地方同业组合。

二、在同一郡市内，联合各处同业组合，即为地方同
业联合团。

三、在全国范围内，联合各方同业组合，即为全国同
业联合团。"

此外，文章中还详细讲解了结社方式、组织机构、职权划
分等内容，以期激发起劳动者的积极性。这种思想既完善又稳
健，让彼时尚未完全觉醒的日本劳动者了解到了运动的精要。
无疑，《告职工诸君书》是一篇极具历史价值的宣传文章。

明治三十年七月，职工义友会成立了工会期成会。明治
三十一年，社会形势不佳，尽管如此，期成会仍招募到了5400
名成员，并组织起了铁工工会、日铁矫正会、深川印刷会社的
活版工工会等工人组织。还在横滨、京都、名古屋、大阪和奈
良等地建立期成会支部。

期成会坚持认为政府应当制定工厂法，并为此组织了演讲，

不断向政府陈情，还提交了请愿书。明治三十三年，有人散播出一些有关治安警察的不实之言，期成会召开会议商议对策，最后叩问当局。然而没想到的是，这流言自三月散播出来之后，并没有激发起任何大的运动，只有机关刊物《劳动世界》做出了言语上的反击。

那一年之后，工人运动彻底走上了下坡路，工人组织陆续解散，不过阶级斗争依然存在。明治四十年（1907）左右，继足尾铜山事件、别子铜山事件和长崎三菱造船事件之后，日本各地相继爆发了运动。

综上看来，最初的劳动运动太过看重实际利益，大多都主张劳资协调主义，以经济运动为主，排斥政治运动。劳动者的阶级意识还太薄弱，也不够团结，而这正是劳动运动逐渐衰落的关键所在。不过，在那个时代，能集合起众多劳动者，开启民众运动，用集体力量来维护阶级利益，已是日本劳动运动发展进程中值得一提之事。

六　社会主义者们的阵势

在结束本章之前，我们最后来看看，在这个时代里兴盛一时的社会主义研究会和社会民主党的建立与解散。

工人组织渐渐兴起的同一时期，明治三十一年十月，在东京芝区的一位论派教会内部，社会主义研究会成立了。该研究会以研究"社会主义的原理和它能否应用于日本"为目的，成员大多有留美经历，且和基督教有着千丝万缕的联系，包括高木正义、河上清、丰崎善之助、新原俊秀、岸本能武太、神田佐一郎、佐治实然、村井知至、杉村广太郎、安部矶雄、片山潜、幸德秋水等人。

研究所每个月都会召开例行会议，对社会主义思想及其实际问题进行研究，属于纯学术组织，从建立到解散历时两年有余。同时，参与研究者也包括一些反社会主义者。明治三十三年，研究会改组为"社会主义协会"，清理了反社会主义者，并开始朝实际运动方向发展。然而，那时候的社会主义协会只有三四十位成员。明治三十四年（1901），社会民主党应势而生，成为日本第一个信仰社会主义的无产阶级政党。

在这一年的五月，安部矶雄、木下尚江、河上清、西川光二郎、幸德秋水和片山潜六人创立了社会民主党，并在《劳动世界》等五份刊物上发表了建党宣言。不过，就在宣言发表的当天，内务大臣末松谦澄便下令解散了社会民主党，而那五家新闻媒体不但被罚了款，还被停了刊。这个拥护和代表日本无产阶级的政党只能无奈地接受了被解散的命运。

社会民主党是从马克思主义（科学的社会主义）中走出来的，其宣言囊括了日本无产阶级的一系列需求，只可惜不能与当时的社会形势相容。尽管如此，我们依然认为，它是社会主义先驱者一手规划出来的、意义非凡的事物。

宣言所述的党纲主要包括以下内容：

一、垄断产业划归市有。

二、高等小学校毕业前皆为义务教育，费用由公费划拨。

三、设立劳动局，负责审查一切与劳动相关之事。

四、实行八小时工作制，周日为公休日。

五、实行普选制。

六、遵循公平选举法则。

七、废除死刑。

八、取缔贵族院。

九、废除《治安警察法》。

十、废除《日本新闻条例》。

社会民主党被明令解散之后，安部矶雄创建了"社会主义协会"，以传播社会主义思想，进行社会主义教育，还把《劳动世界》的刊名改为了《社会主义》，定为机关杂志。从明治三十四年起，直到明治三十六年（1903），这段时期可谓是社会主义协会的黄金时代。明治三十六年十二月，幸德秋水、堺利彦创建了"平民社"，组织起了社会主义新运动。此事在此不表，后文详述。

同期，一些大学教授、学者和有志之士创办了社会政策学会；田川大吉郎、矢野文雄举办了以"社会问题"为主题的演讲会；《万朝报》的记者们创立了理想团；普选同盟会也开展了不少活动。这些事件皆是值得关注的。

明治三十九年（1906）在东京，社会政策学会召开了第一届大会，对当时的社会难题——《工厂法》的制定进行商议，后来又陆续举办了不少讨论社会问题的演讲会。自此，年度大会成为惯例，届时会对各种社会问题的调查研究进行讨论，就各种新生问题各抒己见，对基本的社会问题给予指导，并提醒当局多加关注。

严格意义上来说，学会并不是社会主义的倡导者，也不是自由放任主义的主张者，不过是想用温和的方式去协调和改善社会状态。

在这里，我们对它的意见做了如下摘录：

> 我们是反对自由放任主义的，极端的利己主义和不受限的自由竞争只会让贫富差距越来越大。我们也不赞成社会主义，它对现有的经济形式造成了破坏，让资本家走投无路，是不利于国家发展的。
>
> 我们所倡导的是，在维持现有私有经济形式的基础上，用个人活动和国家权力来制止阶级压迫，以调和社会。……

这和德国社会政策学会的理论如出一辙。

第七章

新兴日本的辟世之路

一　大国的逻辑

19 世纪至 20 世纪，自德国统一以来，欧洲各国也逐步完成了统一大业。在英国工业革命的影响下，以"殖产兴业"为方针政策，生产发展很是迅猛，人口激增。列强的商贸活动和殖民活动愈加活跃，各国都想引进原材料，出口制造品，政策更加倾向于"辟疆拓土，扶植新势力"，由此，历史走进了国际竞争时代。

基于此，英俄在殖民政策上产生了冲突。在克里米亚战争和俄土战争中，俄国未能如愿地往南扩张，于是便慢慢将心思转到了中亚地区，目标是英属殖民地印度。然而，英国的维多利亚女王早有准备，最后，俄国不得不把精力放在了铺设西伯利亚大铁路上。

在 19 世纪到来之前，非洲大陆还是一片蛮荒之地。随着被英国探险家李文斯顿和斯坦利揭开了真面目，它成了欧洲各国势力争夺的焦点，令各国煞费苦心。埃及和苏丹很早就被英国侵占；法国在殖民了突尼斯之后，又先后侵占了西非、刚果和马达加斯加等地；比利时也组织起国际刚果协会，成立了刚果自由邦；德国争夺到了多哥、喀麦隆，以及西南非和东非地区；后来，英国又开发了新的殖民地开普敦，打算修建一条纵贯非洲南北的从开普敦直抵开罗的铁路。

在这种情况下，列强怎会相安无事。因此，在英法之间爆发了法绍达冲突，在英国和南非布尔人[1]之间爆发了布尔战争，等等。在布尔战争中，德国站在了同种族的布尔人这边，私下里给予了颇多帮助，这或许就是后来英德反目成仇的导火索。

同期，中日甲午战争在中国的辽东地区爆发，暴露了清朝政府的外强中干。面对这个资源丰富、人口众多的传统大国，列强的扩张之心忽又活跃起来，纷纷把目光转移到中国身上。

位于远东地区的日本帝国也逐渐进入列强之列，并联合英国，从俄国手中夺得了中国和朝鲜的权益。

二　日俄战场上的"友谊"

中日甲午战争过后，远东地区的形势绝算不上稳定。首先，因为遭遇了俄、德、法三国干涉，日本很清楚，在不久之后必然还会出现一场腥风血雨。其次，这场战争给中华民族带来空

---

[1]　布尔人："布尔"是荷兰语"农民"的意思。荷兰移民的后裔，布尔人是早期称呼，现在统称阿非利卡人。——译者注

前严重的民族危机，大大加深了中国社会半殖民地化的程度，致使列强将世界霸业扩张到了辽东地区。

俄德法三国干涉之后，作为交换，中东铁路的修筑权，以及矿山的开采权都落入俄国囊中。明治三十一年，旅顺和大连又被俄国租借，租借期为25年。德国借口两名德籍传道士在山东省遇害，而得到了山东省和胶州湾地区的铁路修筑权和矿山开采权，权利期限为99年。为了制衡俄德，英国随即要求租借威海卫，法国也要求租借广州湾。1898年，羸弱的清政府不得不妥协，给了英国25年租借期，给了法国99年租借期。为了保全在中国台湾的利益，日本对中国提出要求，不得对外割让福建省。

就这样，中国的辽东地区成了列强争相抢夺的目标，国土被分割侵占不说，竟然还在闷着头往死胡同里钻。

1899年四五月间，义和团运动爆发，直至第二年，逐步发展到各地。中国人不满于国家现状，奋起驱逐西方宗教和外国人。这场斗争迅速传遍了中国，一时间势不可当，越来越多的外国人被杀。1900年8月，英、美、法、德、俄、日、意、奥八国联合出兵攻入北京，镇压了义和团运动。

在出兵之前，俄国的侵略野心就已暴露无遗，不仅想占领中国东北，还想蚕食朝鲜。在事态平息之后，俄国一点也没有要撤兵的意思。倘若中国东北和朝鲜被俄国侵占，对日本而言，可谓有百害而无一利。

在俄德法对日本进行干涉时，英国始终保持着中立姿态。

不过，当俄国开始向南扩张时，它终于坐不住了，随即和日本结盟。1902 年 1 月 30 日，双方签订了《英日同盟条约》。英日同盟刺激了当时世界各国的神经，成为世界外交史上的一个转折点。

1878 年俄土战争结束后，英国参加了柏林会议。从那时候起，每每面对德奥意三国同盟，以及俄法同盟，英国便会拿出格莱斯顿所提出的不干涉政策，以超然主义者的姿态坚守"光荣孤立"原则。然而此时，它却放弃了这样的传统，和日本携起手来。

更重要的是，《英日同盟条约》是对等条约。作为世界顶级强国之一的英国，现在竟然和日本签订了对等条约，这不仅证明了日本国际地位的提升，也向世界各国证明了日本的国家实力。英国借日本的军事之力巩固了在中国的势力和利益，并以此与德国进行对抗，全力保全曼德海峡和苏伊士运河。不过，日英结盟之事所造成的最大影响，是触发了后来的日俄冲突。

1902 年（明治三十五年）4 月 8 日，中俄签订《东三省交收条约》，约定俄国在 18 个月内分三次撤兵。不过，俄国实际上只撤了一次兵，而是数量很少，之后便对条约置之不理了。在俄国，以维特为代表的反对党受到了多数党的抑制，而多数党则认为，俄国应该向中国开战，并怂恿俄国皇帝在中国东北修筑大连港，迅速扩充军备，以备控制辽东地区和位于渤海湾的旅顺。之后，俄国在东北地区修建了许多永久性的设施；对外将朝鲜的龙岩浦改名为尼古拉港；创办了鸭绿江制材会社，不能不说是野心昭昭。于是，日本政府只好出面与俄国政府进行谈判，要求俄国承认日本在朝鲜拥有优先权、武装干涉权、铁路修筑权及与中东铁路有关的权益。作为交换，日本承认俄国在东北地区拥有优先权。

然而，作为那时候世界上的大陆军事强国，俄国似乎并没有把新兴的日本放在眼里，只是一味拖延时间而不作正面回复，大概是想要趁着这段时间暗中扩充军备，以及等着符拉迪沃斯托克（海参崴）港和旅顺港解冻。基于此，在发出最后通牒之后，日本于明治三十七年（1904）二月十日正式对俄宣战。

远东地区爆发的日俄战争及其经过，成为当时的全球焦点。一方是大陆军事强国，得到了觊觎世界霸主之位的德国的支持；另一方是战胜过中国的岛国新势力，有英国做后盾。这两个不同种族的国家，一个想维持辽东政策以实现终极目标；一个想为俄德法三国干涉以来，十年的积怨与忍辱负重做一个了结。

最终，日本获胜。尽管旅顺易守难攻，尽管俄军舰队是精锐之师，但终究都没能抵挡住日本军。明治三十八年（1905）九月，双方签订了《朴茨茅斯条约》。条约规定，"俄国承认日本在朝鲜拥有政治、经济，以及军事上的优先权；将旅顺、大连及其周边地区的租借权和相关权益均转让给日本；将长春至旅顺口的铁路修筑权无条件转让给日本、北纬五十度以南库页岛地区割让给日本"。

此战期间，日英同盟升级为攻守同盟，并扩大同盟范围。英国为了让日本拥护自己在印度和东亚地区的权利，便承认和支持了日本在中国的权利扩张，由此，攻守同盟成为控制东亚地区政治格局的顽固势力。

三　虚弱的病熊

日俄战争极大地影响了俄国国内外的局势。

先来看看俄国国内的情况。1894 年，亚历山大三世离世，他的儿子尼古拉二世登上了皇位。这位新皇不顾国民意愿，拒绝了地方议会提交的改革要求，并在 1895 年 1 月的宣言中大言不惭地说："我与我父亲一样，坚持独裁政治原则。"

这一时期，俄国爆发了工业革命，催生出了许多以新思想、新要求为纲领的组织。与此同时，萌芽于亚历山大三世时期的虚无主义思想及自由主义运动纷纷兴起。这些组织、思想和运动，无不是反对独裁的。新皇既软弱又无能，任由政治官僚掌权。当时，芬兰人遭遇了政治自由限制，知识分子言论受阻，犹太人屡遭迫害等，各种因素交织在一起，激发了俄国民众的反政府情绪。

1904 年，日俄战争爆发，尼古拉二世出面激励民众，而民众却无动于衷。这场战争，俄军节节败退，铩羽而归。政府的无能暴露无遗，民众对政府的攻击愈演愈烈。革命的征兆日益显现，劳动者的反抗随处可见，国内形势迅速恶化。政治暗杀屡有发生，继内政部长西皮阿金之后，1904 年 7 月，普勒韦也遭遇了暗杀。随即，政府发布了戒严令，可反政府的声音却未见消退。11 月，地方议会委员大会在其首都召开，要求政府制定宪法，开设国家议会。12 月，国内各地陆续发生了工人罢工和农民起义。

1905 年，国内秩序依然没有回到正轨。6 月 6 日，尼古拉二世召集地方议会委员和城市代表开会，商议民选议员之事，不但无人响应，反而让运动扩大化了。政府动用武装组织镇压各种运动，引起了民众的极度不满，最终引发了"铁路工人大罢工"。这场运动前后持续了半个月，俄国国内的工商业几乎完全处于停滞状态。因国内矛盾而蜂拥而起的广大民众，对俄国与日本签订《朴茨茅斯条约》一事漠不关心。10 月，尼古拉二世不得不下诏采用君主立宪政治体制，同时颁布了宪法，宣布民权自由、宗教信仰自由、言论自由、集会自由等自由权利，还表示会开放议员选举权。全权代表俄国签订《朴茨茅斯条约》的维特被推选为国家首相。

然而，政府的妥协更加激发起革命党人的斗志，他们纷纷揭竿而起，全国上下动荡不安。在议会召集前夕，维特辞去了首相一职。在一片混乱之中，议员选举艰难进行。1906 年，第一届国家议会召开，由于多数议员来自反政府党派，因此议会被迫向政府提出民主立法的要求。政府召开了内阁会议，不仅拒绝了议会的要求，还将议会解散。如此一来，反抗运动就更加猛烈了。统治者与被统治者争得头破血流，想要协调融合根本就不可能。尽管颁布了宪法，开设了国家议会，可俄国皇帝的独裁依然历历在目。政府没有把民权落到实处，人民也没有从贵族和官僚手中挣脱出来。

　　直至第一次世界大战中期，俄国才爆发了真正意义上的大革命，推翻了罗曼洛夫王朝的专制统治，打倒了官僚贵族，把下层阶级从暴政、剥削和压迫中解救了出来，并为他们开创出了新的未来。就世界政治格局而言，这无疑是一个新的刺激；就历史来说，这是人类必然要走的路。

四　日俄战争的余烬

　　俄土战争及柏林会议之后，土耳其虽然失去了部分领土，但国家实力犹存。然而，土耳其的君主阿卜杜勒·哈米德二世却不思悔改，废除了宪法并施以暴政，一面镇压基督徒，一面亲善德国，最终导致国内运动频发。

　　青年土耳其党尽管遭到了压制，但仍在不遗余力地维持着势力。在日俄战争的刺激下，他们争取到了强大的后援，最终在 1908 年举旗革命。这一年的 7 月 24 日，土耳其君主被迫宣布恢复宪法、大赦天下、清除嬖臣。年末，宪法被重新颁布，土耳其君主被迫发誓要遵纪守法，而青年土耳其党则迅速召集起了议会。土耳其对宪政的坚持最终赢得了欧洲各国的赞赏，至此，各国不再干涉其内政。

中日甲午战争对中国造成了极大的影响。清政府看到日本战胜了先前还耀武扬威的俄国，认为那是立宪政治体制的功劳，因而也想方设法地推动起立宪政治体制来。在袁世凯的劝说下，光绪皇帝派出了五名官员前往日、英、美、德、法等国进行政治考察。一行人回到中国后，在光绪三十二年（1906）时对外宣布筹备立宪；光绪三十四年（1908）八月，颁布了《钦定宪法大纲》，并表示国家议会将于9年后开设；宣统元年（1909），在各省设立咨议局；宣统二年（1910），设立资政院，拥有成员196位，勉强达到了开设国家议会的条件。而后，当局宣布，宪法将在宣统四年（1912）正式颁布，国家议会将在宣统五年（1913）正式实施。然而，在宣统三年（1911）十月，革命就爆发了，清政府就此下了台。第二年，袁世凯登上了大总统之位。在这之后，宪法的颁布成了件棘手的事，在历经数次政变和革命之后，直到1923年10月，才由总统曹锟颁布了《中华民国宪法》。

除此之外，伊朗、印度、爱尔兰和波兰等国家也深受日俄战争的影响，纷纷发起了立宪运动或独立运动。

这个时期，在国际上，日本已能和列强平起平坐了。

五　风光背后的隐患

在促进国民觉醒方面，相较于中日甲午战争，日俄战争的作用更甚。自幕府时代起，日本就对俄国恐惧有加，如今总算扬眉吐气。不仅如此，在面对其他白种人时，也终于能够信心十足。不过，胜利者也绝不总是高枕无忧的。明治维新后不到四十年的光景里，无论是国家实质，还是国民素质，并未变得多么优越。自开国以来，凭借军国主义一手打造的海陆精兵和忠国之心，日本侥幸赢得了战争的胜利。然而，在经济、科学和社会建设等方面，并无多少建树。战争的代价是巨大的，散尽千金，死伤无数，军阀得政。那些当政的军国主义者不仅暴戾专横，更是权力阶层和有产阶层的保护伞。他们将民众利益踩在脚下，将平民阶级的赫赫战功抹去，甚至没有说过一句安抚民心之语。于是，世风日下，日本终于还是走进了金钱万能的时代。

日俄战争爆发前，日本民众大多心怀忐忑，而胜利使人们安下了心，放松下来。

明治四十一年（1908）十月，天皇发布了戊申诏书，训诫国民应当勤俭节约、艰苦朴素、忠诚奉献。

另外，明治三十八年十一月，日本政府与朝鲜政府签订了日韩保护协约，日本成为朝鲜的"保护国"。日本在朝鲜设立了统监府和理事厅，对朝鲜的外交进行控制。明治四十三年（1910）八月二十二日，又签订了《日韩合并条约》。

六　自然主义撑起的文艺

这个时期的日本文学界是自然主义的天下。

进入明治二十年代之后，日本文学界一度充满了浪漫主义色彩；日俄战争时期，逐渐萌出自然主义倾向。这样的发展历程是理所当然的。日俄战争结束之后，日本的外交活动较以往更为活跃。当时自然科学思想风靡欧洲，自然科学思想的引入，强烈地刺激了日本自然主义的萌发。

19世纪后半叶的欧洲，自然科学欣欣向荣，社会主义思想发展到了新高度。现实主义倾向也很突出，而自然主义文艺思想则成为欧洲思想界的主流。不满足于传统的艺术、道德和宗教，这种新兴的文艺思想以法国和德国为"根据地"，在整个欧洲发展起来，逐渐成为时代热潮。文艺思想反映了时代精神，而这时代精神正是那立足于自然科学的自然主义：尊重客观事实，探究事物本质，排斥像诗歌那样主观夸大与不切实际。

日本的军阀和军国主义者因为日俄战争的胜利而得意忘形，而国民们却渐渐从沉醉中清醒了过来，尝到了"胜利的恶果"。人们发现，只有面对现实，反省自我，才能看清人生的真相，而这样的想法给自然主义文艺思想的发展创造了机会。

蕴含着时代精神的自然主义思想，还关乎着诸多社会难题和道德问题。要看清人生真相，就难免会触犯传统的道德观念，也难免要摒弃传统的风尚习气。对于一直隐藏在人生背面的那些东西，哪怕是丑陋和阴暗的，只要真实存在，就应该被明明白白地展示出来。那些想要维持现有道德制度、宗教信仰和教育理念的人，自然是要反对的。达尔文理论因为颠覆了宗教思想而被视为"异端邪说"。不过，这股从生命探索中凝结出来的时代思潮是势不可当的。

明治三十九年前后，外国文艺对日本的自然主义者产生了颇多影响。国木田独步、岛崎藤村、田山花袋等人陆续发表了具有划时代意义的文学作品。国木田独步创作出了《命运》，岛崎藤村创作出了《破戒》，田山花袋创作出了《蒲团》。这些作品得到了岛村抱月、长谷川天溪、岩野泡鸣等文艺评论家的赞赏，这无疑又为自然主义助了力。

无论是作品本身，还是由其而生的文艺评论，皆发扬着自然主义的精要。那么，这精要究竟为何物呢？表面上看，它是个性化的，类型繁多。但细看之，它又是以自然科学精神为基础的现实主义，旨在揭示人生真相。以自然主义为基础的文艺思想多多少少受到宗教界与教育界的抵制，原因是很多宗教人士和教育人士对它产生了误解，认为它毫无可取之处。即便是在文艺界，也是有反对者的，譬如后藤宙外。幸而自然主义还是年复一年地发展起来了，渐渐脱离了最初引入时的西方文艺气息，并创造出很多真正有价值的作品。自明治四十一年起，到明治四十三年，自然主义进入了丰收期，攀上了时代创作的顶峰。岛崎藤村写就两部鸿篇巨制《家》与《春》；田山花袋出版了自传《生》《妻》《缘》三部曲。另外，在自然主义的旁系中，也出现了夏目漱石、森鸥外等杰出作家。

七　无产阶级的崛起

萌芽于法国大革命、流行于 19 世纪欧洲的现实主义思想，大致可分为自然主义文艺思想和社会主义思想两种。

在对日本文学界的自然主义黄金时代匆匆一瞥之后，我们再来浅谈一下社会主义运动。

日俄战争结束之后，日本社会经济发展迅猛，方方面面都在进步。战争期间为军方提供物品的政治商人及投机者们一夜暴富，在社会上产生了很恶劣的影响，让民众不再心系"励精图治""殖产兴业"的理想，而一心追求起金钱来。日俄议和之后，日本的实业蓬勃发展，交通越来越发达，外交活动也日益频繁；开始涉足蒸汽动力、电力之类的重工业领域；新兴科学技术被应用于工业，推动了工业的发展。日本摇身一变，成为近代工业国。这一时期，可谓是日本的工业革命。对于随之而来的诸多社会问题，可以说当局毫无防备。他们是有权阶级和有产阶级的代表，纵然获得了战争的胜利，维护了国家权益，发扬了国家威信，但究其本性，则只关心自身阶级的利益，只在乎自我利益。他们与少数富商勾结，唯利是图，将日本社会拖入了泥沼。

在经历了中日甲午战争和日俄战争之后，日本的平民阶层和无产阶级渐渐认清了自身实力，萌生出了政治觉悟，开始寻求发展，却遭到政治官僚毫无理由的镇压。后来，当局又以教育之名极力压制这股新势力，完全违逆了时势，实在是耽误了国家的发展。

生活水平的提高和人口的激增，导致了生存竞争的白热化；实业昌盛的同时物价飞涨，利益集团内分赃不均，社会上贫富差距扩大；资本家和劳动者的针锋相对和激烈争斗，成了一大社会问题。而社会主义者们看准了时机，开始推广社会主义思想。在这种情况下，在明治四十三年终于引发了"幸德事件"。

在此之前的明治三十六年末，正值日俄关系紧张之时，堺利彦、幸德秋水、西川光次郎等人极力倡导起"非战论"。明治三十七年，日俄战争爆发后，日本的社会主义者参加了社会党在阿姆斯特丹召开的第二国际第六次代表大会，并在会议上提交了如下议案：

"日俄战争是两国资本家政府的行动，却让两国劳动人民备受折磨。作为日本社会主义者的代表，我们希望，即将在 8 月参加于阿姆斯特丹召开的国际社会主义大会的诸位，能够督促本国政府立刻结束战争。"片山潜出席了当日会议并发言。

此外，会议还全票通过如下这条议案：

> 各国劳动者与社会主义者的相互了解和团结协作，是世界和平的基本保障，本次大会在此时此刻（俄国政治正遭受着战争与革命的胁迫），向在资本主义压迫下苦苦挣扎的俄国与日本的无产阶级兄弟献上最深切的问候。唯愿各国劳动者与社会主义者能密切关注和平与发展，尽全力阻止战事扩大。

社会主义者们在国际上公开表示反对战争的同时，也在国内的《平民新闻》杂志中倡导非战论。而该杂志也屡次被当局以妨碍治安为由禁刊，编辑部相关人士也受到了处罚。明治三十八年一月，《平民新闻》不顾当局禁令，自行宣布复刊。

日俄战争结束之后，前文所述的一系列社会状态激生出了社会主义运动，日本国内随后发行了诸多倡导社会主义思想的杂志刊物和单行本。

明治三十九年一月，桂太郎内阁倒台，西园寺公望内阁第一次成立，言论制度稍稍有了些缓和。趁此时机，日本社会党登上了历史舞台。森近运平、西川光次郎和堺利彦为党内干事；加藤时次郎、竹内余所次郎、斋藤兼次郎、樋口传等 13 人为党内评议员。党纲的第一条即是"在国法的范围内，主张社会主义"。之后，日本社会党人以演讲、地方游说、召开研讨会与座谈会等形式极力宣传着社会主义思想，还发起了反对东京电车费翻倍的运动、足尾铜山罢工等。

明治四十年二月，第二次日本社会党代表大会得以召开。在会议上，有人支持议会制，而另一些人则支持直接开展行动，双方各执己见，发生了矛盾。幸德秋水、山川均等人都是赴美归国者，同时也是《平民新闻》杂志的创始人。他们深受美国无政府主义影响，所以支持直接开展行动，与支持议会制的西川光次郎、田添铁二等人针锋相对。对此次大会进行跟踪报道的《平民新闻》杂志，再次被当局禁刊，日本社会党也被勒令解散。

明治四十三年夏，"幸德事件"耸动全国。明治四十四年（1911）一月，幸德秋水及其他25名无政府主义者受到刑罚。

此后，所有倡导社会主义的言论、文章及社会主义运动都被禁止了，日本社会主义发展开始了长久的蛰伏。

第八章

又一个时代欣然到来了

一 对混沌的屈从

在明治时期的最后一年里，日本思想界还处在一片混沌之中，毫无体系可言。日俄战争结束后，人心涣散，再不见刚毅之气，全国上下萎靡不振。

无论是自然主义，还是实用主义，抑或是享乐主义，都发展得异常蓬勃。这股现实主义思潮牢牢地控制着人们的生活，遮住了一切理想与希望。如此景象刺激了新新之人的内心，他们忍无可忍，开始酝酿一场大爆发。

在这段颓然无力的岁月里，发生了两起骇人听闻、刺痛人心的事件，即"日糖事件"和前文有所提及的"幸德事件"。

日俄战争过后，日本企业发展迅猛。几个制糖公司合并成立了大日本制糖株式会社，企业资本达1200万日元，而后发展顺利，股东利益也得到了保证。然而令人没想到的是，与之关系密切的藤本银行被查出没有按规定支付400万日元的关税。

为了延期缴纳引进原料砂糖的关税，大日本制糖株式会社的董事矶村音介等人贿赂了众议院议员。后来，为了阻止砂糖消费税增征法案的通过，以及游说政府出资收购，又先后向立宪政友会、宪政本党和大同俱乐部的多名成员行贿。事情败露之后，当局逮捕了二十多名议员。很快，大日本制糖株式会社总经理酒匂常明的"自杀事件"也被曝出，备受关注。

"日糖事件"让人们看到，那些参政议政的议员们其实是唯利是图、假公济私之徒。还让人们看到了，受到国家维护的社会发展常会出现的问题及其他诸多需要警醒之处。

"幸德事件"，如前文所述，是无政府主义者的失败。他们之所以会失败，是因为没有经过深思熟虑。他们想推翻当局统治，显然是受到了西方激进主义思想的影响。

二　女性原本是太阳

在这一时期，日本最早的女子团体运动也出现了。

这是一个由女性文学创作者们组织的社会组织，名为"青踏社"。明治四十四年九月，该组织出版发行了《青踏》杂志，倡导"新女性"思想。这些女性为了挣脱"奴从男性"的社会观念，以及家庭的束缚，全力与传统旧习对抗，以期提升女性的社会地位。然而，因为缺乏坚实的运动基础，她们只能以新奇的言论来引起社会关注。

在平冢雷鸟等青踏社代表人物所发表的文章《原始女性是太阳》中，其思想昭然若揭。现摘录片段如下：

原始女性本为太阳，而今女性却是月亮，是依赖他人而活的，身处他人光芒之下的，如病人般苍白着脸的月亮。幸而此时此地，青踏诞生了；以日本现代女性的智慧缔结出的《青踏》创刊了。女性做出这样的事，恐怕只会招来时人的嘲讽吧。

……热情与诚挚！热情与诚挚！这就是我们的初衷。……我要到精神世界中去寻找天才。我所说的天才，是隐秘的本我，是真实的人。……我所追寻的真正意义上的自由解放，究竟为何物？正是让那被深深掩埋的天才发挥出十二分的伟大潜能。

新兴的女性解放运动不仅没有牢固的根基，也没有实质性内容和自我解放意识。不过，就当时的社会状态而言，在中俄战争结束后，日本女性普遍开始接受教育，有了越来越多的机会参与经济活动和社会活动，而且社会活动的范围也日渐扩大。由此，凭借一技之长而获得工作机会的女性也越来越多了。如此看来，由活跃于文学界的女性先知们所发动的女性解放运动，是极具历史价值的。

三　收起偏执的信仰

日俄战争前后，日本宗教界因为人文主义的发展和社会的动荡不安而屡发事端。明治三十二年至三十三年左右，日本社会从国家主义中走了出来，普通民众的思想开始进步，因而言论也常常涉及宗教问题。

高山林鹙对尼采的激进思想膜拜不已，提倡美的生活论，认为基督教就是道德绑架，因而极力抵制基督教。明治三十六年，黑岩泪香通过《天人论》一书主张起"泛神论"。同期，东本愿寺的清泽满之创办了《精神界》和《精神主义》两本杂志，以对抗唯物质论思想。他认为，宗教是意识领域的事物，不因真实存在而为人所信，相反，只因为人所信而真实存在。这无疑是在为充满主观色彩的宗教思想做宣传。

明治三十七年，姊崎潮风在其论著《复活的曙光》中提出，宗教是从隐秘的人类精神世界中涌出的极致之爱；在那片光明之地，人生的种种矛盾得以消解。

在日俄战争爆发之前，基督教在日本社会中颇具影响力。明治三十四年至三十五年，日本的社会主义组织刚刚兴起，而许多基督徒也有参与其中，譬如安部矶雄、西川光次郎等人。

　　明治三十六年底，在日俄关系最为紧张之时，这些教徒和其他社会主义者一样，是倡导"非战论"的。明治三十七年五月，宗教界大会在芝公园举行，在谈及应战态度时，宗教界人士大多倾向于开战。

　　但一些信仰基督教的社会主义者依然坚持着"非战论"，就算是在日俄战争爆发之后，也依然固守己见。

　　与此同时，纲岛梁川的"见神"实验成了宗教界的一大难题。纲岛梁川向来是个笃信主观意识之人，如今又深入地开展起"见神"实验。不过，他也是在寻求个人思想的解放，以期能接触基督的生命。

　　明治三十八年五月，《新人》杂志刊发了纲岛梁川的文章《见神的实验》。这篇文章受到了广泛关注，批评之声四起，社会舆论忽又热闹了起来。有人认为那是病态的妄想，有人认为那是神经症的产物，当然也有于心不忍者解释说那是宗教信仰的衍生物。

　　还有一些反对唯物质论的人站出来宣扬这个隐秘的实验，譬如，人称"预言者"的宫崎虎之助、坚持"无我之爱"的伊藤证信，还有末广幸三郎、河上肇、近角帝观等。明治四十四年四月三日至七日，在东京神田基督教青年会馆中召开了世界基督教青年会。这是日本历史上第一个国际性会议，备受瞩目。与会国家有英、德、法、俄、荷、瑞、丹、美、奥等22国，与会代表共计629人。

　　十七日，英国救世军创始人威廉·布思访问日本，受到全民欢迎。时任东京市长的尾崎行雄及众多社会名流为其举行了欢迎宴会，明治天皇也接见了他。

受此事件的影响，没过多久，佛教徒们便在浅草本愿寺内召开了日本佛教徒大会。神职人员召开了全国神道同志会，孔子大典也在东京汤岛的孔子圣堂内顺利举行。

这一年的八月，加藤弘之出版了图书《吾国体和基督教》。他在书中写道，尽管基督教教义与日本国体不相符合，然而教会的根基已十分牢固，因此关于这个问题已不用再多说什么了。

明治四十五年（1912）二月，内务次官床次竹二郎针对人心不振的问题做了个提案：想要纠正当下的错误，改善社会思想，就要想办法发展和强化宗教势力。为了实现这一目标，他继而又提出召开"神佛耶"三教代表大会。尽管有人表示反对，但他的提案还是通过了。通过两次代表大会的召开，各方达成了一致意见：各宗教及其各派别必须恪守本分，互尊思想，为建立起良好的社会风气做出贡献。

在代表大会上，床次竹二郎有感于社会思想的堕落，为了能清除唯物质论，让人们意识到精神世界的美好之处，以重振人心，便热心激励宗教界积极进取。

对于这项措施的成效，虽有存疑，但不能不说，它收起了以往的偏见，开始平等看待神道教、佛教、基督教了。在政策上，也对基督教表达了善意。就结果而言，不失为一桩好事。

四　明治天皇的离去

明治四十五年七月，明治天皇去世。

明治天皇在十六岁时便登上了皇位，其在位的后半期正是日本的多事之秋。日本能有如此发展，他功不可没。除此之外，他还擅长诗歌。

七月三十一日，大正天皇继位。国内处处都能听见"大正维新"的呐喊之声，似乎是想要一改明治末期思想混乱的局面，一扫萎靡不振的社会风气，希求活跃的新生。

然而事实上，社会并没有因此而重整旗鼓，民心依然堕落不安。在此期间，桂太郎内阁第三次成立。而后，其所颁布的诏令激起了护宪的运动。交番（警察小屋）、政府党报馆相继被烧，警官、军队与民众频频产生冲突。直至大正二年（1913）二月，桂太郎内阁下台，运动才宣告结束。

五　精神世界的新趣味

我们来看看，自明治末期至大正初期，日本文艺界和思想界的情况。

日俄战争结束之后，自然主义文学渐渐兴起，并植根于文学界。然而，人类的生活，除了要有实事求是的精神之外，也需要一颗浪漫之心。因此随着时代的发展，自然主义由盛转衰，而后又有新兴的思想由外及内而来，并渐渐演化出两三种倾向。那些新兴的思想，主要是指鲁道夫·欧肯、德博林等人的哲学新理论。

在19世纪下半叶的欧洲，现实主义取代理想主义成为当时的主流思想。无论是哲学，还是文艺，抑或是社会思想，都明显地走向了经验化、科学化和现实化。到了19世纪末，以现实主义为基础，人们在探索人生时又重新回到了康德的理想主义视角，并衍生出了新理想主义。在文艺界，自然主义兴起之后，陀思妥耶夫斯基、托尔斯泰、易卜生、奥古斯特·斯特林堡等俄国作家和北欧作家，不断创造出了众多带有自然主义倾向且意义深刻的作品，给了人们宗教和道德上的强烈刺激。这些严肃且深刻的思想艺术继而被传到西欧，对西欧各国思想界产生了极大的影响，并迅速掀起了新思潮。

如前文所述，新理想主义是以现实主义为基础的，却又反对自然主义。究其根本，其实是康德理想主义的延伸。不过，想要看清它的本质和内部联系绝非易事，更不是三言两语能说明白的。在日本得到普及的新兴哲学思想主要是德国哲学家欧肯的思想和法国哲学家亨利·柏格森的思想。新兴哲学大多建立在实用主义之上，而这两种理论却立足于被物质化、被自然科学化的生命现象，将生命从物质概念中提取了出来，并研究它的特性。通过努力，让生命从客观物质世界中解脱出来，以满足内心的需求。欧肯把自己的哲学称为"精神生活哲学"，认为精神具有独立性；柏格森坚持生命进化论，认为创造是进化的精神动力。

这类思想绕过了自然科学的观察方法，认为精神世界具有独立性，保持理性即可探究出生命真谛，发挥出精神力量。它们对萎靡不振的日本思想界，以及闲散的自然主义文学影响至深。

明治四十三年，《白桦》杂志横空出世。当时，深受俄国文学影响的，以武者小路实笃、志贺直哉、有岛武郎、里见弴、长与善郎等人为代表的文学流派被称为"白桦派"。同期还出现了反对自然主义，主张新浪漫主义、唯美主义和享乐主义的文学流派，代表人物有谷崎润一郎、永井荷风等人。无论是哪一派的作家，无不是在用魅惑的文笔创作具有强烈官能刺激的作品，以吸引读者的眼球。

明治末期，自然主义的热潮渐渐消退，新理想主义与新浪漫主义越来越流行，并于世界大战前后攀上顶峰。除此之外，以夏目漱石为代表的"低徊趣味"文学也风头正劲。

思想界一步步探索着新的发展。世界大战伊始，托尔斯泰高喊着人道主义，罗曼·罗兰扛起了英雄主义的大旗。无论是罗素还是爱德华·卡彭特，不管是哲学改造思想，还是新理想主义，各种哲学思想此起彼伏，令人应接不暇。与此同时，宗教界也热闹非凡，佛教思想引起了人们的关注，而研究莫里斯社会主义思想和马克思社会主义思想的人也多了起来。

六　缄默中的成长

大正初期，一个至关重要的新组织出现了，那就是友爱会。正是这个新组织打破了日本社会长时间以来的缄默。由于受到欧洲革命运动的刺激和劳动者们日渐觉醒，友爱会迅速发展了起来，成为日本劳动者组织的代表。在这里我们只能浅谈一下，自大正元年（1912）成立至大正七年（1918）这几年间，友爱会的发展情况和组合活动情况。

铃木文治很早之前就开始研究日本劳动阶层的生活状态，并一直想谋求发展。明治四十四年，他成为基督教唯一神教派、弘道会唯一馆的领导者。借着这个机会，每月十五日他都会定期在教会中举行演讲会。此外，他还在教会里设立了人事商酌部，与劳动者进行交流。

大正元年八月一日，15位志同道合的劳动者集结于唯一馆的图书室，成立了友爱会，会长正是铃木文治。十一月，友爱会创立了《友爱新报》，并在创刊号中发表了如下纲领。

一、立足于公共理想，求知识的拓展、德行的修养和技术的发展。

二、借助集体的力量，以契合实际的方式，追求地位的改善。

三、和睦共处，齐心协力，追求实现友爱互助的目标。

不难看出，友爱会选择了一条十分稳健的发展之路。因此，它避开了政府和资本家的压制，短短一年时间，就召集了1300多名成员。

欧洲战乱不断的同时，日本经济也陷入了萎靡状态。东京穆斯林会社解雇了1000名男性工人，在铃木文治的帮助下，工人们的利益得到了保证。这件事情不仅让劳动者们看到了团结的力量，还让友爱会声名远扬，加入者越来越多。

大正四年（1915），因为国际上出现了"排日事件"，所以日本和美国的关系一度十分纠结。为了维持两国"友情"，日本政府派出了代表团前往美国参加该国的劳动大会。6月19日，作为代表的铃木文治与吉松贞弥从横滨启程前往美国。大正五年（1916）两人完成任务，继而回国。此时，友爱会成员已增至一万人有余，而欧洲战乱对日本的影响也愈发凸显。一方面，实业发展迅猛，因而劳动者们的生活稍有了些起色；另一方面，物价飞涨，罢工事件层出不穷。友爱会计划借此机会巩固自身势力，便在大正六年（1917）的时候，又先后成立了大阪支部和神户支部，并将运动开展到了九州岛上。

　　除却友爱会，以印刷工人为基础组建的信友会，也在其势力范围内开展着各种运动。在大阪，机械工人和电气工人组建了同志会，领导人为横田千代吉、西尾末广、堂前孙三郎、阪本孝三郎等人，所开展的运动都十分稳健。同志会曾于大正六年一月解散，至大正八年（1919），重新集结为大阪铁路工人组合。

　　从大正元年至大正七年末，劳动者的运动呈现出欣欣向荣之势，大多都表现得十分激烈，再加上欧洲战乱的刺激，新的局势逐渐显现。

第九章

称霸世界的迷梦

一 剑拔弩张的代价

　　某种意义上来说，世界大战是近代科学的发展及人类社会疯狂发展所结出的恶果。从规模到范畴，再到影响力，在人类文明史上都是前无古人的。不过，若是要追问有哪些划时代的意义，即便是在战争结束七年之后的今天[1]，恐怕也无人能给出正确答案。

　　自 1914 年 7 月起，直至 1918 年 11 月结束，这场战争持续了五十几个月，涉及 28 个国家。人们在沙场上兵刃相见，哪还记得手足之情与人道主义？先进的武器拥有巨大的威力，让战争变得更加混乱，更加疯狂。这场战争不仅让人类付出了 1700 多亿美元的代价，还夺走了大概 1000 万人的生命，就连欧洲的各大文明也都未能逃过一劫。

　　付出了这么多，最终换来了什么？近代德国的军国主义者认为，对于人类进化而言，战争是必要因素之一。不过，这种想法显然是德国统治阶级的白日梦。战后的德国，除了国土面积只剩下战前的四分之一外，还得向联合国支付高额

―――――――
[1] 作者创作本书的时间。——译者注

的战争赔偿金；军事帝国主义者不得不接受失败，并忍受失败后的剧痛。

二 有名无实的民族解放

19 世纪后半叶，实力得到一定发展的国家，皆开始主张国民主义，力求国家独立统一，筹备下个世纪的对外政策。当然，也有不少国家，发展得并不那么顺利。当时世界，主要问题有三：第一，奥匈帝国和土耳其帝国应该如何面对国内各民族悄然觉醒这个事实，以维持现状；第二，俄国与波兰、芬兰等边疆国的关系问题；第三，德国与阿尔萨斯－洛林地区，以及与波兰的关系问题。除此之外，英国与爱尔兰的关系问题也由来已久。

进入 20 世纪之后，巴尔干半岛战乱不断，民不聊生。

在日俄战争的刺激下，长期遭受异教民族统治的土耳其爆发了青年土耳其党人革命；在"立宪"和"保皇"的纷纷扰扰中，波兰宣布了独立；奥匈帝国则宣布波斯尼亚和黑塞哥维那合二为一，并强迫土耳其接受。这些事都发生在 1908 年，自此之后，在巴尔干半岛上，泛日耳曼主义和泛斯拉夫主义开始了一段错综复杂的纠缠历程。

在波斯尼亚和黑塞哥维那，多数人属于斯拉夫人。塞尔维亚仗着俄国的支持，开始宣扬大塞尔维亚主义，所以波斯尼亚和黑塞哥维那两国在边境问题上纷争不断。

随后，波斯尼亚和黑塞哥维那合并一事的始作俑者——奥匈帝国皇储斐迪南又将"东方发展"定为首要国策。1914 年 6 月 28 日，在视察大演习的途中，斐迪南夫妇来到了波斯尼亚的首都萨拉热窝，被一个参加了反奥匈帝国的地下组织的塞尔维亚青年刺杀身亡。这个事件成为世界大战的导火索。

受尽剥削的弱小民族，在同族强国的帮扶和自我的觉醒之下，发动了战争。然而，这么做究竟能不能圆满地解决问题呢？

不管怎么说，想要解决战争背后的主要矛盾，就必须实现战争的终极目标。这是美国总统威尔逊的看法。

鉴于美国当时的国际地位，可以说，它的参战决定了德国和奥匈帝国的命运，对协约国而言至关重要。威尔逊总统的主张成为巴黎和会的重要指导方针，以及之后和平时期国际关系的核心。

1918 年 1 月 8 日，威尔逊总统向美国国家议会提交了十四条意见，其主张尽在其中。"十四条"明确地表达出了民族自决原则，认为应该帮助那些在大战前受尽大国欺凌、自由独立受损的弱小民族寻求解放。在此，我们摘录了几条：

第五条 各国在殖民地问题上，必须采取恰当合理的政策，顾全人民利益，作为决定主权归属的要义；公开公正地进行安排。

第六条　他国军队应当全数从俄国撤离，让俄国解决所有问题，将发展方针和国民政策贯彻下去，这会给世界各国带去莫大帮助。俄国应以自身所选的政体形象获得世人欢迎。此后几个月时间将是一段试验期，各国对待俄国的态度将是充满善意的，将对它的窘迫现状表示原谅和同情。

第七条　应当归还比利时领土，尊重其国家主权，它和其他国家一样享有自由平等之权利。

第八条　1871 年，法国将阿尔萨斯－洛林地区割让给了普鲁士，由此让世界陷入了长达约 50 年的纷乱。如今自当恢复原貌，以促进世界的和平稳定发展。

第九条　意大利国境的设定，必须要明白准确，以民族界限为标准。

第十条　应当给予奥匈帝国人民初步民族自治与发展的机会，期望奥匈帝国能够与世界各国和平相处。

第十一条　他国军队应当撤离罗马尼亚、塞尔维亚、黑山等国，并归还已占领的土地。塞尔维亚理应拥有海上自由出口权。对于巴尔干半岛上的各国关系，应当遵循历史所给定的民族系统，以友好协商的方式来确立。这些国家的经济独立、政治独立及领土完整，皆应受到国际保障。

第十二条　奥斯曼帝国为土耳其人居住地，理应由土耳其掌握国家主权，不过土耳其必须保证其管辖范围内的其他民族拥有自由生存和自治发展的权益。以国际保

障为前提，应当开放达达尼尔海峡，作为世界海上自由
贸易通道。

第十三条 波兰的独立，应当在波兰人居住地范围内
实现。拥有海上自由出口权。经济的独立性、政治的独立
性、领土的完整性，皆应受到国际保护。

威尔逊总统的远大理想即是如此。为了能实现目标，保证
效果，国际联盟也应运而生。尽管没能得到美国国民的支持，
威尔逊依然怀抱着纯粹的学者的理想奋力前行着。

我们将在后文对国际联盟进行详述。总的来说，威尔逊的
"弱小民族解放计划"算是成功的。究其原因，一方面他在巴
黎和会上积极争取；另一方面，世界大战期间，德奥两国因国
内爆发革命而战败，随后俄国国内也爆发了革命。这些都是实
现威尔逊计划的有利条件。

以民族自决原则为前提，基于巴黎和会的最终结果，欧洲
出现了很多新国家：

1. 波兰（恢复18世纪原属领土）；

2. 捷克（原奥地利的波希米亚、摩拉维亚，以及匈
牙利西北部地区）；

3. 南斯拉夫（原塞尔维亚和黑山的所有地区，及原
奥地利占领的波斯尼亚、黑塞哥维那和克罗地亚等地区）；

4. 芬兰（恢复被俄国占领的地区）；

5. 爱沙尼亚（恢复被俄国占领的波罗的海沿线）；

6. 拉脱维亚（同上）；

7. 立陶宛（同上）。

这些新兴的国家从大国压制中挣脱了出来，走进了自由新天地。对这些国家的人民而言，威尔逊提出的民族自决原则就像是上天的恩赐。

不过，这些新兴的独立小国是否真的能践行荣耀的自主权，是否真的能实现威尔逊的远大抱负？是否对于世界和平和人类发展有利？现在还看不出答案。

在国际竞争中，那些实力尚不足以支撑经济独立和政治独立的小国，通常都会求助于大国。这样一来，大国便开始处心积虑地进行政治扶植，国际纷争亦随之而来。此时的巴尔干半岛与战前无异，没过多久便爆发了希土战争。

由此可见，对于好几个世纪以来一直悬而未决的民族自决和自由独立问题，世界大战也未能给出答案。

三　渔翁得利

经济利益方面的冲突是引发这场世界大战的根本原因，而且主要是英德两国之间的经济冲突。从 18 世纪开始，英国逐渐成为强大的工业国家，除了强占了很多殖民地之外，还控制着通商贸易的霸权。然而，从 19 世纪末起，英国日益感受到来自新兴德国的威胁。无论在哪个方面，这两个国家都处于彼此竞争的状态，而且德国大有超越英国之势。后来，英国成立了关税同盟，德国开始扩充海军，两国关系越来越紧张。进入20 世纪之后，两国之间的隔阂再难消除。

不过，在发展商业经济的过程中，这两个国家又必然地"互帮互助"着。英国是德国重要的成品提供者，而德国又是英国重要的工业原材料提供者。从这个方面来看，之前我们说，引发这场世界大战的主要原因是英德两国之间的经济冲突，似乎就不太对了。当然，我们也不能对他们之间的利益之争视而不见。

这场战争走到最后可谓玉石俱焚。鹬蚌相争，渔翁得利，除了英国和德国，其他欧洲国家也都参与了抢夺，而美国却做起了渔夫。

人口锐减，土地荒芜，工业停滞，国力衰退。战后的欧洲各国百废待兴，首先要做的便是重振经济。对于一个国家来说，兴亡比面子更重要。在这种情况下，各国只得求助于美国。此时的美国已坐拥全球四分之一的财富。世界大战期间，美国进行了工业革命，经济实力暴增。就这样，美国超越了欧洲各国，成为世界经济的霸主。经济和政治向来密不可分，所以大战过后，美国的国际政治实力突飞猛进。巴黎和会之后，美国开始出席各种国际会议，不仅会发言，甚至会统领全局。

而今的美国，大概已经忘了开国总统华盛顿的告别演说。华盛顿说："在外交中应当遵循的最高行动方针是：尽可能地扩大贸易关系，尽可能地避免政治联系。……欧洲经常发生战乱，……卷进欧洲事务，……是不明智的。"

总之，这场世界大战让两个横行19世纪的国家轰然倒塌了。

四　当世界成了美国的世界

在经济上，美国对日本也造成了很大的影响。得到欧洲经济的控制权之后，它并没有就此止步，而是打起了亚洲的主意，要求亚洲各国门户开放，承认工商业机会均等。与此同时，它非但没有打开国门迎接亚洲各民族，而且还制定了诸多法律条文，对各方面的"机会均等"予以限制。事到如今，所有国际问题的解决之道，就只剩下国家实力了。

面对美国的门罗主义，就算是曾经把俄国赶出过中国东北地区和朝鲜的日本也无可奈何。

对美国而言，在统领亚洲这件事上，日本无疑是最大的障碍。与此同时，在美国的影响下，日本企图取代中国成为亚洲的霸主。所以，美国的亚洲政策，说到底就是对日政策。然而，在称霸全球方方面面的美国眼中，日本这等新兴国家简直不值一提。无奈事实也的确如此。

巴黎和会之后，为了解决山东问题和移民问题，美国召集了华盛顿会议。对于与太平洋地区有关的各种问题，日本不得不"尊重"美国意愿，勉强做出妥协。

第十章

从阴暗到光明

一　轰轰烈烈的俄国革命

20 世纪应当解决的主要问题，是民主主义问题。换句话说，在 1904 年至 1905 年的日俄战争期间，围绕第四阶级发展而出现的社会问题已经暴露无遗。

各种民主主义运动对世界大战的格局影响至深。爆发于俄德两国国内的革命是由这场世界大战所引发的，随即也直接宣告了战争的结束，同时也对民主主义问题做出了一定答复。这个答复便是这场战争对人类文化发展的不世之功，战争的历史意义也尽在其中。

导致俄国国内革命爆发的因素错综复杂，涉及历史、政治、阶级、种族、国民性和人民生活等方面。

原本就不甚稳定的俄国社会，在世界大战的影响和时代的驱动下，一步步地走向崩溃的边缘。当局不顾下层阶级的艰难困苦，为了满足一己私欲，与资本家相勾结，不仅没有推行任何社会措施，还被爆出卖国求荣。后来，从政府内部流出了与德国单独媾和的传言，这让俄国人民对政府的信任大打折扣；此外出现的食品原料问题，进一步破坏了社会稳定。

在这种情况下，社会党人迎来了时代的机遇。长期以来对专制统治的隐忍，再加上社会党人精妙的宣传，俄国人民终于爆发了革命。民众奋起，军队倒戈，统治俄国 300 年之久的罗曼洛夫王朝终于被推翻。

"对外作战之时，国内出现了动荡。俄国的命运、军人的荣耀和国民的未来，与这场战争休戚相关，我们无以为退。为求全民齐心，坚持作战，我自愿退离帝国皇位。"

1917 年 3 月 15 日，尼古拉二世宣读了退位诏书。

随后，李沃夫公爵组建起临时政府，社会革命党人克伦斯基任司法部长。此时，俄国尚未走上正轨。直到后来，由每千名劳动者推选出一位代表，再由军队每一中队推选出一位代表，建立了苏维埃，于是先前逃亡到国外的社会主义者们才又渐渐回到了其首都。

1917 年 7 月之初，根基不稳的李沃夫政府垮台。随后，以克伦斯基为核心的第二届临时政府成立。当时，在世界大战的战场上，俄国军队的处境越来越差；而在国内，激进派的基础日益稳固，势力也得到了发展，可以说是万事俱备，只欠东风。国内混乱不堪，战场节节失利，俄国几乎走到了山穷水尽的地步。可即便如此，如果毫不犹豫地接受劳动者的政治统治，恐怕只会更加混乱。

就在此时，激进派开始活动，托洛茨基作为苏维埃领袖对活动进行指挥。1917 年 10 月，圣彼得堡冬宫被攻破，革命的帷幕正式被拉开了。

1917 年 11 月，克伦斯基临时政府被推翻，以列宁为中心领导人的苏维埃政府正式成立。此后，苏维埃改名为人民委员会，列宁当选为人民委员会主席。

武装夺取政权，建立新的政府，无产阶级终于实现了政治统治。

二 革命斗士列宁

列宁原名为弗拉基米尔·伊里奇·乌里扬诺夫，"列宁"这个名字是用来躲避当局镇压的。1870年4月，列宁出生在一个贵族家庭。因为父亲是学校的教职人员，所以他自幼便得到了很多学习的机会。

列宁的哥哥很早就参加了革命党，后来因为亚历山大三世被刺杀而受到了牵连，在1887年时被判处了死刑。列宁当时只有17岁，对哥哥的死难以释怀。伴随着母亲深深的爱意，中学毕业后，他进入了喀山大学法律系学习，后来又转学至圣彼得堡大学，继续研习法律、经济和政治。他最终成为一名革命斗士，以极大的热情投身于政治运动。

他无比信仰马克思主义，还发表了诸多论著；他经常援助劳动者们，与他们共处一室，向他们传播知识。为了点燃劳动者们的斗争之心，他不仅印发了宣传册，还策划了罢工活动。因此没过多久，他就被捕了，关押在圣彼得堡监狱。1897年被流放到西伯利亚，直至 1917 年大革命爆发，他 20 年的流亡生涯才宣告结束。尽管如此，他从未停下思想研究的脚步，始终在对俄国无产阶级进行指导。

他浪迹欧洲，从法国巴黎走到瑞士，不过始终与俄国国内保持着联系。1917 年 3 月，他得知国内革命取得了胜利，克伦斯基临时政府成立，便借道德国回到了俄国首都。而后，他与托洛茨基一起进行革命，奔波于士兵和劳动者之间，大力宣传他们的想法，并得到了广泛支持，最终创建出了新的俄罗斯。

不管怎么说，在现代历史上，他的确是一位伟人，而且可谓是战争中产生的世界伟人中最伟大的一个。英国思想家、哲学家罗素曾经说过，现代历史上有两个大人物，一个是列宁，一个是提出相对论的爱因斯坦。

更重要的是，这场惊天动地的大革命居然发生在顽守旧制的俄国。列宁成为苏维埃的中流砥柱，他不仅拥有强大的领导力，还拥有沉着冷静的心态，不管多忙都会坚持思想研究。在激进派当中，固然还有很多学者，可谁也没有他优秀。他出版过很多论著，其中《国家与革命》一书对马克思列宁主义的外延、内涵和根本思想做了十分透彻的解析。在这里，我们就依照他的阐释，来了解马克思列宁主义的本体。

三　不劳者无获

布尔什维主义是建立在马克思主义之上的。历史唯物主义、资本主义崩坏论、社会民主主义等，皆出自马克思主义思想。另外，马克思主义主要讲原理，布尔什维主义补充了方法论。

列宁认为，国家通常是由两大阶级组成的，即统治阶级和被统治阶级；国家的存在依托于阶级的存在。在古老的时代，阶级尚未产生，国家自然也就不存在；后来，经济发展催生出两大阶级：剥削阶级和被剥削阶级，于是便形成了国家。国家的组织形式不断地发生着变化，但两大阶级的对立始终存在。然而，这并不是最理想的社会形态。最高理想是建立不存在阶级统治的国家与社会，这绝非是说人类应该倒退至原始社会状态，而是指人类应该创建先进的没有国家形式存在的社会。这件事无法一蹴而就，必须有顺序，要通过顺序最终创建出理想社会。首先要做的是解放被统治阶级，使其拥有和统治阶级相同的地位，只有这样才能消除阶级统治；其次，人人都必须参与劳动，"不劳者无获"即是布尔什维主义的宣传口号。就此意义而言，俄国革命是由被统治阶级发起的，而成功的原因大致如下：

一、民众生活濒临崩溃。

二、上层社会极端堕落。

三、中产阶级无实力、无组织。

四、人民穷苦潦倒，疲于战事，逆反情绪强烈，看不到希望。

五、大部分人是渴望拥有土地的农民。

六、政府组织起了拥有数百万劳动者和农民的军队，但他们突然不顾军纪——为了革命。

七、城市工厂劳动者拥有强大的组织性，其活动力和凝聚力在国内无出其右。

八、社会主义组织不仅研究过欧洲社会主义思想，还能随时随地对人民进行指导，且具有很强的决断力。

（希尔奎特《从马克思到列宁》）

就俄国当时的政治经济发展情况来看，上述情形是不应该出现的。究其原因，是受到了世界大战的促动。

由于以列宁为核心的工农政府主张民族自决原则，因此边境各国陆续宣布独立，而后又与德国等国签订了议和条约。原本只是俄国的国内问题，现在看来已成了国际问题，对协约国各成员国的影响非常大。一方面，单独议和对三国协约造成了破坏；另一方面，俄国因国债破产而遭受了巨大损失。俄国无产阶级政府给世界政坛带来了各种"不良"影响，协约国最终忍无可忍，开始对俄国进行武装干涉：为反革命军提供资金和军备，封锁俄国经济，以帮助俄国"复兴"。不过，革命派获得了人民的支持，工农政府的根基日益稳固，协约国只好改变了武装干涉的计划。

四 命运多舛的德意志

> "此30年之间，德国陆军就是我的骄傲。为了陆军，为了我曾经服役的陆军，我励精图治。陆军经历四年半的混战，眼看就要获得胜利，眼看就将迎来和平，却在此时被革命者从身后狠狠地捅了一刀。最令我扼腕的是，革命者的公然反抗竟然出现在我所建立的海军之内。"（前德皇威廉二世自叙，《大阪每日新闻》载）

这即是信奉军国主义的威廉二世口中的（30年来尽忠尽孝、亲如兄弟的）德国军人们的反叛。就这样，霍亨索伦家族的世界帝国梦灰飞烟灭了。

德国社会主义运动的历程，就是社会民主党的发展历程。19世纪中期至末期，各种社会运动逐渐汇入倡导马克思主义思想的德国社会民主党所掀起的浪潮中。

世界大战结出了种种恶果：物资匮乏、劳苦大众穷困潦倒、西部战线战略性失败等，对于德国的社会主义者们来说，却是宣传革命的好机会。除此之外，值得一提的是，作为德国同盟的邻国奥地利也爆发了革命，再加上俄国大革命最终取得了胜利，这一系列事件给了德国社会主义者们极大的鼓舞。

奥地利国内的社会民主党，一开始的时候是支持帝国主义战争的。然而在战争期间，奥地利国内的形势每况愈下，社会民主党的左翼领导人发动了全国性的非战运动，其来势汹汹。1916 年 10 月，奥地利首相卡尔·冯·施图格不幸身亡。1917年 2 月，俄国圣彼得堡革命大获成功，同时助长了奥地利革命的气势。

此后，俄国又派出了很多志士向德军宣传马克思列宁主义思想。两国议和之后，在从东部战线转至西部战线的德国军队中，革命思想已开始蔓延。于是，德军最后的计划也落了空，进退维谷。在这种情况下，德国国内必然地爆发了革命。

1918 年秋，无论是国内的劳苦大众，还是前线的德国士兵，都在高喊"面包与和平"；工厂里出现了追求和平的同盟会，罢工活动和示威游行也屡有发生。这年 10 月，德国基尔军港爆发了水兵起义，给了德国去旧迎新的机会。

德皇被迫宣布退位，并在这年的 11 月 10 日仓皇出逃荷兰。新政府由社会民主党各派组成，包括右翼的社会民主党和左翼的独立社会民主党。然而没过多久，坚持无产阶级统治的斯巴达克同盟[1]又发起了一场革命。社会民主党取得了旧军官团的支持，最终在1919年1月，镇压了这场革命。随即，社会民主党召集议会，制定了以民主制度为核心的《魏玛宪法》，社会民主党领袖弗里德里希·艾伯特被选举为总统，谢德曼任总理。1919年2月，谢德曼总理组建了内阁，7名成员来自无产阶级社会民主党多数派，另7名则是中产阶级代表。换句话说，社会民主党与中央党、人民党组成了联合政府。

此后，德国国内局势仍旧动荡不安。1919年6月，签订《凡尔赛条约》；1920年，爆发了要求复辟帝制的卡普政变。虽然国内频发各种运动，且每次皆有伤亡，可是德意志共和国依然未被推翻。此时，政府不仅要"提防"俄国的共产主义运动，还要想办法支付战争赔偿金。就德意志共和国的发展而言，无疑会命运多舛。

五　历史不允许人类生活变得太快

前文已经记述过普法战争前后国家主义德国的组织架构。在这里，我们再来看一看德意志共和国的组织架构，以了解

---

[1]　斯巴达克同盟：创建于1916年，德国社会民主党左派，1917年成为独立社会民主党的成员，德国共产党前身。广泛开展革命宣传活动，组织领导工人斗争和反战运动。——译者注

德意志帝国的民主主义进程。想看清德国政治，不妨先看看其宪法。

《魏玛宪法》颁布于 1919 年 8 月 11 日，开篇即谈道："德意志人民希求各民族同舟共济，秉承自由与正义之心，建设国家，巩固根基，维护国内外稳定，推动社会发展，兹制定本宪法。"宪法第一条写道："德意志联邦为共和政体，国权源自全体人民。"

这样的条款，在德意志帝国的宪法中是不可能出现的。帝国宪法第十一条规定："联邦的主席职位属于有德意志皇帝名义的普鲁士国王。"换句话说，一国之君可以在联邦参议院内专断独行，与新宪法相比，俨然是天壤之别。

新宪法还规定，国家实行普选制度，所有联邦和城市的选举亦复如是。

共和国总统通过全民选举产生，凡年满 35 岁以上的德国人皆享有被选举权。以大多数国民意志为基准推选出来的领导人，有时候可能并不太合适，甚至有可能非常反动。不过民主原则还是需要遵循的，只是结果需要全民共同去验证。新宪法第四十二条规定，总统就任时，需要在议会上宣读以下誓词："我发誓，我将投身于德意志国民的幸福事业，增进国民利益，祛除弊害，遵纪守法，恪尽职守，不偏不倚，正义行事。……"

按照代议政体的要求，新政府采用了议会内阁制，政事遵从多数国民意志，相关规定如下：

第五十三条　国家总统拥有对总理的任免权；政府官员由总理向总统提交任免申请。

第五十四条　总理和政府官员在任期间，需接受国家议会的监督；议会公开表决不再信任时，必须辞去职务。

除此之外，宪法对国民的提案权、请愿权、投票权等诸多参政权利做出了明确规定。

在颁布之初，新宪法备受争议，政府也为此做了颇多释义工作。有人认为，这是"世界上最尊重自由民主思想的宪法"；也有人认为"通览宪法全文，不仅没有任何创新，还充满了往日的阶级统治色彩；满眼尽是自私自利的资本主义经济，尽是对自由的禁锢，尽是法律上的压迫，裁决上的压迫，军事上的压迫，以及戒严令之类，等等"。右翼人士将它与他国宪法作对比，因而欣赏有加；左翼人士则拿它与社会主义理想宪法作对比，自是满眼缺憾。

就德国的历史传统和制定宪法时的国情——政治和经济的情况而言，应该说市民阶级和右翼社会主义者的相互妥协，最终成就了这部宪法。

德意志共和国所遭遇的困难着实不小。由共产主义者组成的斯巴达克同盟认为，德意志必须进行彻彻底底的改革。不过在政府看来，那只是人民的理想，不可与现实混为一谈。俄国的社会主义先驱普列汉诺夫说："社会主义者就算获得了政治实权也不要急于求成，理想终会冲破历史，只是历史不允许人类的生活变得太快。"德国的社会民主党人深谙此理，鉴于国内局势一片混沌，他们曾深思熟虑过当时的处境。在德国，社会主义者的数量其实有很多。现在大权在握，他们开始背弃社会主义理想。由此看来，德国的社会主义理想不是真正的世界主义，不过是德意志民族主义罢了。无论是保守派还是进步派，左翼还是右翼，各党各派的政见尽管不尽相同，可归根到底都深深地烙着"德意志"三个字。

六　向资本主义宣战

1924 年 1 月 20 日，工党内阁在英国应运而生。这是世界大战之后，民主主义运动结出的硕果，更是一记世界波。

工人运动是工业革命的产物，很早便萌发于英国；在遭遇了颇多压制，历经了千辛万苦之后，如今终于强大了起来。总的来说，英国的工人运动发展主要集中在以下四个层面上：

一、为了维持和提高生产者收益而发起的劳工联盟运动。

二、为了改善劳动者的物质生活水平，反对高物价和高利润而发起的消费者联盟运动。

三、为了协调各阶级利益，知识分子和劳动者组成的工党所发起的，以立法和立宪为诉求的政治运动。

四、为了适应社会发展而发起的劳动者教育运动。

在世界大战之后，工党已经发展得十分强大了。它在议会中占据了多数席位，掌握了政权，因而得以在一片祥和之下，悄然无声地发挥无产阶级的力量。这样的局面得益于1918年英国《国民参政法》的颁布和工党的"新宪法"。英国的选举制度此前曾修正过三次，分别是在1832年、1867年和1884年。其范畴不断扩大，虽然全国15%的人都享有了选举权，然而尚未实现普选这个目标，而且女性对参政的诉求也不强。世界大战时期，劳动人民为了报效祖国而投身战场和前线工厂。女性劳动者陡然增加，男性在前线，她们替代男性在工厂中活动。与战前相比，劳动者的男女比例竟出现了逆转。参战3年之后，英国终于放弃了自由主义，开始实行征兵制，只要是英国国民就必须服兵役。如果不对选举制度进行彻底修正，力求实现民主政治，那么俄德两国的情况就是前车之鉴。

基于此，1918年3月，英国颁布了《国民参政法》，废除了以前与财产有关的选举条件，宣布凡年满21岁的英国男性均享有选举权；将"在选区内居住满一年"的条件改为"居住满六个月"；承认女性的参政权。这些都是新法案的特别之处。此外还规定，凡年满30岁的已婚女性，如果自己或配偶每年拥有不少于5英镑的固定资产，那么同样享有选举权；每个投票者只能投出一票，不得重复；允许陆军、海军、海员、渔民和商人等，通过邮寄或代理方式进行投票。另外，下议院议员人数从此前的670人增至700人，选区也做了调整。总的来说，此前享有选举权的英国公民大约为800万人，如今则增加到了1600万人有余，占总人口的33%，并包括600万刚获得选举权的女性。这样的举措可以说基本达到了普选的要求，是世界政治历史上的一大进步。

这里所说的工党"新宪法"，是指其组织的政造案，于1918年2月通过特别会议表决通过，主要修正了涉及工党及党员关系的部分。在此之前，工党主要是由工会、社会主义团体和合作社组织组成；现在不仅允许个人名义入党，还允许女性入党。这显然是在为日后掌握政权，实现党派目标做准备。其内容大致如下：

一、议会及地方机构由工党领导，各选区内设立工党地方机构。

二、无论是体力劳动者还是脑力劳动者，所有生产者均有权获得相应的劳动报酬；为保证生产便利，生产资料为劳动者共同所有，实行民主管理，公平分配。

三、让人民在政治、社会和经济上得到解放，特别是那些为生活所困的脑力劳动者。

四、与全国各工人组织、社会主义组织协力同行，朝着工党的目标迈进；为了提高世界各国劳动者们的政治地位和生活水平，必要的情况下将采取联合行动。

五、维持自由与和平，以仲裁方式来解决国际争端，维护国际法；与他国劳动组织与社会主义组织通力合作，对国际联盟给予支持。

新党章主要说明了工党与议会中其他政党在立场上的不同之处，设立了地方组织成员也能加入工党的新规。此外，1918年6月，新纲领《工党与新社会秩序》通过党会表决通过。工党认为，战后重建工作务必要从以下四个方面入手：

一、国民最低生活标准的实施。

二、实业的民主管理。

三、国家财政制度的改革。

四、利用剩余价值建设社会福利。

第一，让普通国民过上正常的生活，确保劳动者在行业不景气或失业状态下，依然能够得到最基本的生活保障。为此，工党修正了工厂法、保健法、住宅法、教育法及失业救济法等法律条文。第二，矿山、铁道、运河、电气等实业，陆续收归国有，受国家监管。第三，对所有资本按照累进率进行收税，以核销战争债务；个人收入超出家庭基本生活标准以上的部分，需要交纳个人所得税。第四，为了促进实业发展，维护社会秩序，没收一切超出基本生活标准的剩余价值，集中用于社会福利建设。就这样，工党向资本主义宣战了。

七　扬眉吐气的无产阶级

1918 年 12 月，大选开始，而此时距离新法案颁布不过 10 个月而已。工党不遗余力地让那些有权有势者了解组织和纲领，无奈此时它在议会里只占据 74 席。

1922 年 11 月，专断的首相大卫·劳合·乔治内阁被迫辞职，温和的安德鲁·博纳·劳成为新首相，组建起保守党内阁。而在此时，工党在议会中已占据了 142 席，已是议会中的第二大党了。

保守党内阁掌握政权之时，英国经济已摇摇欲坠，失业者激增。因为此前一直高喊着"实业复兴""失业救济"的口号，所以保守党也饱受攻击。没过多久，斯坦利·鲍德温出任新首相，力图加强控制英帝国各自治领的经济，宣扬保护关税政策，实行帝国特惠制；设立新加坡海军基地，推行保护贸易的政策，等等。这些措施都透着保守主义色彩，没有得到人民的支持。后来，法国占领了德国的鲁尔区，导致英国实业举步维艰，政府只能通过关税保护政策来控制物价。在这艰难的时候，首相鲍德温居然宣布解散议会，表示民意的存在。

在大选中，工党确实吃了不少苦头，不过党员们都很卖命，零零散散的资金也都是从渴望胜利的无产阶级劳动者那里募捐来的。大部分国民都很清楚，"自由""保证"之类的说辞不过就是文字游戏，现实中不可能为人民带来真正的幸福。在这次大选中，工党向保守党与自由党发起了挑战。从另一个角度来说，社会主义思想向资本主义思想发起了挑战。而对于国民来说，必须要做出选择。

票选的最终结果如下：

党派	当选人数	总票数
保守党	257	5527522
工党	192	4506935
自由党	156	4278428

这样一来就打破了此前英国议会中两大政党对立的局面。三个党派的当选人数相差无几，谁都不占绝对优势。随后，工党提交了"不信任内阁"的提案。在自由党的支持下，该提案得以通过，鲍德温内阁集体辞职。1924 年 1 月 22 日，工党领袖詹姆士·拉姆齐·麦克唐纳继任首相。在议会中，工党并不占绝对优势，因此工党和自由党需要联手组成内阁。基于此，组织新内阁的事情就落到了议会第二大党工党身上。不过因为立场不尽相同，两党联合组阁很难成功。

于是，工党内阁登上了历史舞台，而这件事无疑是耐人寻味的。议会制在英国已经存在了很久，现在出现了这样的一个主张社会主义的内阁。这就意味着议会制走进了新的历史发展阶段，更意味着全世界的无产阶级都借此扬眉吐气了一番。不过，工党在议会中并没有占据绝对优势，也就是说，它的基础很不稳定，所以工党内阁存在的时间也不太长。除此之外，在当政期间，它没有绝对实力去推行那些力求同舟共济的政策，比如"国民的互帮互助""实业的民主管理"等。尽管如此，至少它是尊重立宪制度的，是以和平的方式进行革命的。这也说明，英国的工人运动发展得很充分，人民也颇具政治素养。另外，全世界的无产阶级劳动者也都看到：不采用激进的手段也能实现革命的目标，只要实力足够就能掌握国家政权。

第十一章
和平主义的到来

一 超越国家的联盟

持续了四五年之久的世界大战带给人类的最大刺激莫过于战争的恐怖。议和之后，不管是资本家，还是劳动者，都渴望着世界能长治久安。此时，在美国总统威尔逊的推动下，在巴黎和会所签订的条约基础上，《国际联盟盟约》应运而生。

在这里，我们无法详细阐释国际联盟的全部职能，不过可以通过对《国际联盟盟约》部分内容的分析，来了解这个国际组织。

对于国际联盟的能力和作用及功过是非，时评褒贬不一。有人认为，如果没有经济霸主美国，国土广袤、实力强劲的俄国，以及同盟国方面的参与，国际联盟恐怕很难起到什么实际作用。然而现实情况是，国际联盟已经拥有55个成员国，涉及14亿人，相当于全球总人口的80%，实力不容小觑。

就《国际联盟盟约》而言，一方面过于尊重各国主权，以致国际联盟很难真正发挥效力；另一方面，成员国必须要接受联盟各国的共同监督，这无疑又是利于自我反省的，是《国际联盟盟约》的价值所在。永远的和平是全人类的共同理想，要实现这个理想，就要发展国际组织。在这件事上，可谓人人有责。

国际联盟究竟是一个什么样的组织呢？它是一个为了避免战争、维护和平、增强互助，在世界各国的共同努力下，创建起来的独立的国际常设机构。

《国际联盟盟约》于 1920 年 1 月 10 正式生效，开篇即谈到基本原则：

各缔约方：

为了促进国际合作，实现国际和平与安全，承诺接受不诉诸战争的义务；承诺接受国家间应公开、公正和体面相待的规定；承诺将以国际法作为本国政府的实际行为准则；承诺有组织地进行交涉，维护正义，确保司法公正。

国际联盟的职能机构为：联盟总会、联盟理事会和联盟秘书处。联盟总会由各成员国代表（每个国家 3 人以内）组成，例会为每年 9 月，但必要的时候可随时召集；对国际联盟的所有计划和活动，以及一切与世界和平有关的事务，各成员国均拥有表决权。就此前的情况来看，主要事务有承认新成员国、预算的核查、票选非常任理事国和常设国际法庭等。

联盟理事会的常任理事国为英、法、意、日四国，同时设有非常任理事国六席，通过每年票选产生。联盟理事会的职能与联盟总会无异。最初，美国也是常任理事国之一，而除了五个常任理事国之外，每年还需票选出四个非常任理事国，就占比而言，有实力的大国是多数。于是，这些大国通过联盟理事会掌握了国际政权。后来，《国际联盟盟约》没有获得美国的认可，常任理事国就变成了四个。于是，联盟总会和联盟理事会遵循《国际联盟盟约》精神，增加了非常任理事国的席位。

联盟秘书处从属于联盟总会和联盟理事会，是一个常设的行政机关；秘书长由联盟总会投票产生，再由联盟理事会正式任命，不享有政治职权。

除此之外，国际联盟还设有两个极为重要的机构：国际常设法院和国际劳工组织。这两个机构是依据《国际联盟盟约》第十四条产生的：

> "国际常设法院的设立由联盟理事会提出草案，由联盟各成员国共同商定；国际常设法院对一切国际纠纷负责，并限制当事国裁判权；对联盟理事会和联盟总会内部一切纷争，有权发表意见。"

1920年，国际联盟开始筹备国际常设法院。1922年1月，11位正式审判官和4名候补审判官召开了第一次会议。常设地为海牙。日本派出的审判官是法学博士织田万。国际常设法院是国际联盟设立的司法机关，负责裁决一切国际纠纷，有时候也会参与联盟理事会和联盟总会的一些事务。

国际劳工组织是国际联盟的重要组成部分，我们将在后文予以详述。

国际联盟还设立了各种专业机构、专项委员会及理事会等，涉及经济、交通、健康、儿童权益和妇女权益等诸多方面。

维护世界和平是国际联盟的首要任务：

一、限制军备。

二、反对侵略。

三、反对战争威胁。

四、以和平手段解决问题。

五、以合理手段维持稳定。

六、对于违反规范、发动战争的国家，坚决予以制裁。

上述各个方面，其实有很多未能落到实处。不过，1923年夏，在面对巴尔干半岛问题时，这些方针政策还是发挥了巨大的作用。国际联盟毕竟还没发展到超越国家主权的阶段，所以在很多与国家主权有关的问题上，我们不可对它寄予厚望。

国际联盟自成立以来做了不少事，尽管受到了大国的控制，但功绩也是不可磨灭的。比如，在科孚岛事件中调停意大利与希腊之间的纷争，此事能得以顺利解决，国际联盟功不可没。然而，在限制军备方面，国际联盟就显得有心无力了。比如对于鲁尔危机，它所发挥的作用就微乎其微。人们对它的不满，多来自它的不公。

对国际联盟的探讨在此告一段落。总而言之，在当今这般错综复杂的国际形势下，凭一己之力解决所有问题的想法，太不切实际。维护世界和平，促进国际合作的理想，正好说明了国际联盟存在的必要性。

二 日德博弈

1914 年 8 月 15 日，日本对德国发出了最后通牒，要求德国立即无条件撤退，其内容大致如下：

一、德方舰艇必须立即撤离日本海和中国海域，未及时撤离的，必须解除武装。

二、德国政府应在 1914 年 9 月 16 日前，将全部胶州租借地无条件地和无偿地移交日本当局，以便归还中国。

最后期限已到，德国未予理睬，战争一触即发。神尾光臣率领日军向青岛发起进攻，英军紧随其后。11 月 7 日，青岛被日军抢先一步攻占。与此同时，日本海军也在追击着德国的太平洋舰队。大正三年（1914）十月，德国所占领的南洋群岛马绍尔、马里亚纳、加罗林等，被日本占领。

此外，在印度洋上，日本海军联合英国舰队，将德国舰艇"埃姆登"号击沉。

三　大国盛宴

1919 年 1 月 18 日，在巴黎召开了议和预备会；当年 5 月，于凡尔赛宫召开了正式会议。

作为参战国的日本，派出了全权代表西园寺公望、牧野伸显、珍田舍己、松井庆四郎、伊集院彦吉。

在这里，我们来看看，这次会议上对"人种平等问题"和"山东问题"所做的讨论。

持续了四五年之久的世界大战终于停下来了，然而巴黎和会上却依然还是大国专权。日本提出的"种族平等问题"连续两次被否决。

在 4 月的时候，《国际联盟盟约》修正委员会中的日本委员就曾想增加有关人种平等或民族平等的内容，以作为《国际联盟盟约》的条文之一。后来退而求其次，提出在《国际联盟盟约》开篇的总则里加一句："承诺接受各国平等准则，公平对待各国国民。"

然而，这对英美等国的移民问题影响很大。日本委员见情况不妙，只好在这段话里加了个声明，表示与移民政策无关。经过表决，18 位委员中，除去日本委员之外，这个提案获得了

11 票。然而，委员长威尔逊却以"非全票"为由，予以否决。在随后的会议上，这个提案仍然未被采纳，日本委员只好将其撤回。

在这件事情上，威尔逊认为应该对各种族加以区分。然而，这么做毫无意义，因为不消除种族歧视，就无法消除战争的病灶。后来日美两国围绕移民问题产生的外交纠纷，也是从此间衍生出来的。

山东问题也是巴黎和会上的另一大难题，但结果是日本达到目的。

日本战胜德国后强占了胶州湾，并打算一直据为己有。中国代表陆徵祥等人表示了强烈反对，当时的美国国务卿罗伯特·兰辛也站在中国这边，认为应该将青岛地区归还给中国。

意大利代表奥兰多因不满对亚得里亚海的阜姆港的裁决而一度离会，因此在审议山东问题时，实际上只有美、英、法三国参与。一方面，英国是日本的支持者；另一方面，威尔逊担心日本就山东问题而绝拒在条约上签字。于是，胶州湾被判给了日本。

就这样，日本获得了山东及胶州湾地区的所有权利。中国代表极力反对，并拒绝在议和条约上签字。随即，在美国爆发了反对日本占有山东的运动，美国上议院也通过了决议。无疑，这是反对《凡尔赛条约》的一个理由。

美国国务卿兰辛在和平会议的回忆录里曾针对巴黎和会及山东问题说过这样一段话。

我想对日本说："如果日本坚持不把德国从中国那里抢来的东西还回去，那么我们就不欢迎日本加入国际联盟；如果日本听不进去这句话，那就更好了，因为我们很乐意为民除去那些帝国主义政府。不过在我看来，日本恐怕不敢放弃国际联盟这个圈子，它终究还是会低头的，毕竟它在这次会议上尝到了甜头。那些狡诈的日本政治家不会为了一个胶州湾，放弃现有的优势。所有这些事件都令人气愤、影响恶劣。威尔逊的初衷没有错，但他竟然妥协了。"

山东问题在巴黎和会上悬而未决，直到1921年的华盛顿会议，在美国的干涉下才得以画上句号。

四　委任统治

我们再来看一下，国际联盟的委任统治制度及日本在南洋地区的委任统治情况。

国际联盟制定的委任统治制度开创了国际先例，是对帝国主义的抵制，换句话说，是民族自决原则的延伸。这个提案来自南非的简·克里斯琴·斯马茨将军。尽管遭遇了诸多反对，不过还是被威尔逊纳入了《国际联盟盟约》，作为第二十二条。

这项制度从被委任统治地区的发展程度、地理位置、经济情况，以及其他相关情况为标准，施以不同的委任统治方式。

第一种，对"奥斯曼帝国以前的从属部落"的统治。尽管这些地区已经发展到可以独立并被大致认可的程度，不过暂时还得委托他国进行政治援助。对于政治援助的范畴和程度，其界定很不清晰。不过现实状况是，这些地区对内实行自治，对外要接受委任国管理。

第二种，即《国际联盟盟约》第二十二条第五款所规定的，对民众文化程度更低的中非地区的委任统治。这些地区的政权由委任国一手掌握，与殖民地无异。不过对委任国有了一些限制，如：保障当地民众的精神自由和信仰自由；禁止贩卖奴隶、军火和酒类等物资；禁止修建城防工事、海军基地；禁止对当地民众进行军事教育；允许使用警力、地域防卫等必要手段；保证其他联盟国家拥有平等的通商贸易权。

第三种，对那些远离文明、人口稀少、面积狭小的地区，受委任国要和那些国土接触和亲近，可将其视为本国国上的拓展，予以积极的开发。这些地区主要是指西南非，以及南洋诸岛等。此外，委任国必须按照第二种委任方式中的相关规定，保障当地民众的合法权益。

在巴黎和会召开之前，英法两国协商后，将南洋地区的马绍尔群岛和加罗林群岛"分配"给了日本。现在依照委任统治制度第三种委任方式的相关规定，日本成为赤道以北的德属太平洋岛屿的委任国。

　　1921 年 2 月，依照《国际联盟盟约》第二十二条之规定，国际联盟成立了委任统治委员会。委员会共有 9 位成员，以中立态度审核委任国提交的年报，力求达成《国际联盟盟约》的诉求。

五　澎湃的集体力量

　　这个时期的国际工人运动大致可分为两种：第一种，从属于国际联盟的国际劳工组织所发起的运动；第二种，劳动者们自身发起的国际工人运动，这里所说的国际工人运动主要包括无产阶级发起的国际运动和社会主义者发起的国际运动，但不包括国际劳动立法协会发起的国际运动。

　　《国际联盟盟约》第二十三条第一款规定："在本国，以及通商贸易所涉及的所有国家内，无论男女老幼，皆要给予公平且人道的劳动条件，设立并维持国际劳工组织。"

　　由此可见，国际劳工组织的成立，主要是为了拓展联盟的活动。对此，《凡尔赛条约》做出了详细说明。条约第十三部分为工人条款，分为四章，共四十二项条款。

　　第十三部分的前言表述了解放全球无产阶级的宏远志向，言辞肃穆：

"国际联盟志在维护世界和平，而世界和平必须要建
立在社会主义的基础之上。当下，大部分人民遭遇了不公
正的对待，生活艰辛，劳动穷乏，以致社会不安，从而阻
碍了世界和平的发展进程。因此，当务之急是制定合理的
劳动时间，特别是每日劳动时长和每周劳动时长；协调生
产供给，实行失业保障；制定合理的劳动报酬制度，以保
障劳动者基本生活；制定合理的工伤、疾病等劳动保障制
度；保障儿童、青少年和妇女的合法权益；制定针对老年
人和残疾人士的保障措施；保护劳动者在他国劳动时的合
法权益；允许自由结社；允许组建职业技术教育组织；……"

对于这些劳动保障措施的出现，如果认为是大国首脑们
受到了和平思想和人道主义精神的召唤而大发慈悲，那也太肤
浅了。更深层次的原因是：世界大战之后，劳动者们进一步觉
醒了，运动的势头更猛烈了，成为资本主义国家的一大威胁。
此外，马克思列宁主义的传播让大部分人民在国家独立这件事
上心生期许，于是大国政府对他们表露出了"同情"，打算在
不损害资产阶级利益的前提下，帮助劳动者们寻求更好的发
展。这其实是一种怀柔政策。

《凡尔赛条约》在第427条对劳动的基本原则做出了规定，
将"劳动非商品"视为核心理念。这就是赫赫有名的九大原则。
各缔约国在气候、传统、经济机遇、实业基础等方方面面都有
所差异，因此想要尽快达成一致，绝非易事。尽管如此，还是

得尽力去协调。

协调的九大原则：

一、在法律和事实上，人的劳动不应视为商品。

二、劳动者和雇佣者享有相同的结社权，只要其宗旨是合法的。

三、劳动者应得到足以维持适当生活水平的工资。

四、劳动时间以每日 8 小时或每周 48 小时为标准。

五、确保劳动者每周至少有 24 小时的休息时间，尽量将周日作为休息日。

六、不得雇用儿童、青少年进行劳动，在劳动年龄上应有限制，以使儿童和青少年能继续接受教育，维持正常的身体发育。

七、劳动价值相同的前提下，男女同酬。

八、各国法律所规定的劳动标准，同样适用于居住于本国的外籍劳动者。

九、各国应设立监察制度，以保证劳动立法的实施；监察人员中应有女性。

最终达成这宏伟志愿的是国际劳工大会。国际劳工大会的代表分别来自 57 个国家，每个国家有政府代表 2 位，企业代表 1 位，劳工代表 1 位，以及每位代表的随行顾问各 2 位（在议事流程上，这一设置很重要）。大会每年召开一次，会议地点为日内瓦。对劳工理事会及国际劳工局已立案的事项进行复议和表决，赞同票达到出席人员三分之二时即为通过，而后寄出决议书。决议书有两种：第一种，要求成员国以立法形式或其他方式履行决议的"劝告书"；第二种，需要经过成员国批准的"国际公约"。

各成员国有义务将"劝告书"或"国际公约"提交至本国议会，并尽力促成实施。另外，允许民间组织在本国政府未履行此义务的情况下，向劳工理事会提出抗议，而该国政府也有权提出异议。

劳工理事会设有 12 个理事会代表席位，其中 8 席来自主要产业国，剩下 4 席由他国代表推选而定。主要产业国由劳工理事会决定，当时为英、法、德、日、加、印、比、意。此外还包括 12 位国际劳工大会委员，企业代表和劳工代表各 6 位。以上，劳工理事会共有成员 24 位，三年为一任；1925 年改选后增至 32 人。

国际劳工局受劳工理事会监管，局长由理事会任免，负责处理国际劳动事务。它的主要职能包括：汇报国际劳动事务的调解情况，进行各种调查并提交报告，审查国际劳工大会的议案，等等。此外，还在日、英、法、德、美、意六国设立了分支机构，以便了解当地情况，与当地政府、企业和工人组织进行联络。

国际劳工大会可谓成绩斐然。1919 年 10 月，首届国际劳工大会在华盛顿召开。自此以后，每年（在日内瓦）召开一次会议，至今已有七届。前后被采纳和拟被采纳的重要议案有：
8 小时工作制、失业保障、杜绝童工、妇女劳动权益保障、灾
害补偿等 21 个，发出"劝告书"22 次，以及无以计数的各种
决议。不过，这些决议落到各成员国那里，并没有全部获得批
准或是被写进法律。特别是日本，行动最为迟缓。希望在不久
之后，我们也能看到一些致力于改善劳动条件、增进劳动者利
益的措施出现。

作为国际联盟的成员国，从首届国际劳工大会召开至今，
日本一直按照规定派出代表参会。不过在企业代表和劳动代表
的人选问题上，特别是后者，政府和民间组织的意见往往不一
致，每每都会惹起纷争，所以在首届至第五届大会上，日本劳
动代表的资格问题总会被拿出来讨论。后来，日本政府改变了
思路，从第六届大会开始，便将劳动代表的推选交给了国内的
劳动者组织。

六　层出不穷的国际组织

由劳动者发起的国际工人运动由来已久。

尽管当下已成为过去式，不过我们还是需要知道，最早
的国际工人组织诞生于 19 世纪中叶的伦敦，由社会主义者马
克思及其好友恩格斯组建。没过多久，第一国际正式成立。第

一国际前后存在了 20 年左右，后来因为组织内部发生了思想分歧而解散。在那个时候，各国的工人组织尚未发展成熟，因此，第一国际也不算是真正意义上的各国工人组织的国际工人组织，而应该说是各国劳动者的国际政治组织。就发展历程而言，国际工人组织比劳动者政治联盟出现得要晚一些。这一方面是因为，在不同的国家，法律对工人组织的态度，以及工人组织的发展路径都不尽相同，因此国际工人组织无法均衡在各国展开活动；另一方面是因为，各国工人组织的中坚力量，大多已参与了社会主义者发起的国际政治运动，因此认为没有必要再发起国际劳动运动。

带有政治目的的国际工人组织是稳健的第二国际和激进的第三国际。成员先后达到了数千万人之多，一度成为席卷全球的一股强大势力。关于第二国际和第三国际，此处不做赘述，只对现有的几个国际工人组织做些介绍。

各国工人组织的目标无不是改善劳动者的经济状况，提升劳动者的社会地位，因此在性质上必然与带有政治目的的党派截然不同。正因如此，直到 1897 年，工人组织才在瑞士苏黎世召开了首次国际性会议，议题为"促进劳动者保护法的确立"，英、法、德、奥、匈、意、美、比等 15 个国家的 391 人与会。决议事项如下：

一、周日为全休日。
二、周六为女性劳动者半休日。

三、禁止雇用未满 15 岁者。

四、确立 8 小时工作制。

五、女性劳动者每周工作时间不得超过 44 小时。

六、对有害工业原料的使用进行限制。

七、除特殊情况外，禁止夜间工作。

八、对家庭工业进行限制。

九、分娩前后，女性享有 9 周假期；在此期间可获得扶助金。

十、劳动价值相同的前提下，男女同酬。

这些决议和《国际联盟盟约》中有关劳动的九大原则不谋而合。

这次大会被称作国际劳动保障会议。陆续发展至 1911 年，会议前后召开了 7 次。1913 年，第八次会议在瑞士苏黎世召开后，于 1914 年改为国际工会联合会，吸纳了欧洲各国工人组织的总部，以及美国劳工联合会。会议有 20 余国出席，730 余人参加。

联合会旨在将各国工人组织凝聚到一起；在出现劳动争议或经济纠纷时相互援助，给予经济支持；相互交流国内运动的相关情况。如此种种，大多都行之有效。

世界大战爆发之时，社会主义者组织的第二国际名存实亡，由内而外一分为二，彼此对立。与此同时，国际工会联合会也出现了分化，一方是联合会，一方是同盟国，两方毫无沟通联系。

1919 年 7 月，国际工会联合会的战后重建大会在阿姆斯特丹召开，美国、英国、德国、法国、奥地利、荷兰、比利时、西班牙、丹麦、瑞士、瑞典、挪威、卢森堡、捷克等 14 国参会，1700 余人出席。

会议规定，各国工人组织只有本部可以参会；大会两年一届，于秋季定期召开。值得一提的是，重建后的国际工会联合会在政策上做出了调整，不仅主张与特权阶级对抗，强烈反击资本主义和帝国主义，还对罢工等运动表示了反对。

这个时期的国际工会联合会与之前的第二国际"一脉相承"，因为很多人都同时参加了这两个组织。后来，国际工会联合会以总部所在地为名，更名为阿姆斯特丹黄色工会"国际"。

与第三国际立场相同的国际组织是赤色职工国际，也有人将其称为"莫斯科派"。该组织于 1920 年 7 月成立于莫斯科，多数为俄国工人组织，少数为法、德、意、捷等国的左翼团体。因为受俄国共产党的领导，因此在政策上与国际联盟、阿姆斯特丹黄色工会"国际"等是截然相反的。

世界大战过后，中欧各国运动频发，进而催生出了国际天主教工会联合会。1920 年 6 月，国际天主教工会联合会在布鲁塞尔正式成立，德、法、比、奥等 10 国参会，作为 260 万劳动者的代表，共有 98 人出席了会议。因其宗教特性，该组织反对暴力，主张通过立法来提升劳动者的社会地位和经济地位。

　　除此之外，这个时期还存在很多成立已久的国际性行业组织，不过皆与阿姆斯特丹黄色工会"国际"大同小异，后来也渐渐汇入了同盟。

七　形势与趋势

　　通过前文的记述，我们已经大致了解了由国际劳工组织发起的国际工人运动，以及劳动者自身发起的国际工人运动，而这两种国际工人运动又都路途漫漫。作为当时世界政治与经济的最强代表，美国和俄国都没有加入国际劳工组织。这无疑是国际劳工组织的巨大缺陷。另外，因为是各国政府提交的计划，所以各种决议都相对温和；政府大多时候都会站在资本家这边，因此票数比例通常都会是三比一。更何况，这些决议最后都得经过各国政府批准才能落实，才能发挥效力。工人组织的国际发展，由于各国在劳动立法方面的发展程度各有不同，因此各国工人组织在走向国际时受到了诸多限制。譬如：入会的自由和资格等；通常还要接受本国政府的监控；因为是民间组织，在沟通交流方面，遭遇了诸多不便。当然，更重要的是，它们还和战前一样缺乏凝聚力。

　　特别是在日本，因为没有总部，劳动组织不得不通过国际联盟为劳动者争取地位的提升。

不管怎么说，在这个世界上，大部分民众都是劳动者，而这些代表了全球劳动者的国际组织，为经济、商贸等方面所做的贡献是有目共睹的。就算做不到立竿见影，但长远看来，在完善人格之后，定能实现改造世界的伟大理想。

第十二章
颠簸中前行的日本

在对日本战后的国情进行分析之前，了解世界形势的变化是十分必要的。因此，截至上一章，我们一直在讲述他国及国际的一些情况。

世界大战之后，日本位列世界五大国之一，因而参与了各种国际事务，譬如参加国际联盟及其他国际会议，直接或间接地影响着各种世界问题或事件。在外交方面，也是相当活跃，与欧美各国的交往日益频繁。尽管地处远东狭小岛屿，却能如欧洲中央地区一般，对世界形势很是敏感。

因此，我们将在本章对日本的国内问题进行研究，了解它是如何走向世界的。

一　民主主义的荣光

在此我们先来看一看，因世界大战而出现的各种社会问题和社会运动。

　　世界大战对日本经济的影响有多大，自不待言。不过日本作为参战国，而且是与德国对战的一方，和欧洲战场上的各国相比，可以说并没有付出太大代价便达到了目的。战争期间，日本大多时候都和美国一样，不过是个为联合部队提供军需用品和生活必需品的国家。

　　因此，在经济方面，战争倒是给了日本实业兴旺起来的契机，让日本的国家经济得以突飞猛进，一时间冒出了无数大财团和小财阀。一方面，资本家们渐次将事业拓展到海外，谋取了更多的利益，生活愈加奢靡；另一方面，因为环境利好，所以劳动者的境遇也有了些改观，收入颇丰，生活相对富裕了些。然而，没过多久，海外贸易过甚造成了通货膨胀，而后货币贬值、物价飞涨，人民的生活每况愈下，导致与待遇问题相关的劳动争议，也一年多过一年。

　　大正三年船舶总吨数为 160 万吨，大正七年增至 240 万吨。战前，为了满足国内需求，染料、漕运等制造业和实业渐渐兴起。大正三年总资产为 1000 万元，战争期间增至 35600 万元，增幅达 35 倍之多。

　　物价也成倍增长。

　　从大正三年至大正九年（1920），大阪府所统计的劳动争议数如下：

年份	争议数	参与人数
大正三年	10	490
大正四年	12	871
大正五年	20	1489
大正六年	38	2554
大正七年	29	3379
大正八年	286	65739
大正九年	97	12717

　　拜资本家所赐，即便是在这个发展迅猛的好时代，劳动者依然生活在惶恐中。最典型的事件就是爆发于大正七年八月的全国性"米骚动"。

　　在所有社会事件中，这次全国性骚乱可以说是最具社会意义的，因而在劳动界掀起了轩然大波。简而言之，先是投机者故意抬高米价，趁机敛财，而后大部分国民奋起反抗。当大部分民众用辛苦劳动才能换得的生活必需品被生活奢靡的资本家垄断时，仇富之心很快就出现了。

　　大正七年，当局顺势而为，制定并颁布了《暴利取缔令》。同时从国外进口大米，在国内平价销售。然而，种种措施皆收效甚微。不仅米价持续飞涨，而且到最后还供不应求。与此同时，日本关西地区又突降暴雨，损失惨重。同年八月二日，日本跟随英美两国的步伐，宣布出兵西伯利亚，对战俄国，时局愈发糟糕了。

　　在大阪堂岛地区，七月八日，米价为29元10钱，八月七日，涨到 43 元 20 钱，白米的价格更是涨到一升 50 钱以上。没过多久，米店里连白米也没有了。

在富山县中新川郡西水桥町，大正七年的八月三日，大约有 300 人冲进当地各家米店，阻止米店对外销售大米；八月六日，2000 多名妇女冲入米店大闹。毕竟巧妇难为无米之炊，此次事件传开之后，感同身受的民众们就以此为导火线发起了反抗。

不到 10 天的时间，冈山、高松、京都、大阪、神户、广岛、名古屋、东京等大小城市就陆续发布了戒严令。不仅如此，还动用了军队，场面俨然与内乱无异。

这场骚乱涉及三府的三十几个县[1]，4221 人被判骚乱罪，61 人被判杀人或伤人罪，268 人被判盗窃罪。除此之外，还有人被判以纵火、破坏建筑物、胁迫等罪名。总共有 8000 人左右被处罚。

在这之后，日本国内爆发的运动大多集中在东京，以及其他两三个大城市，几乎都是因某些政治问题而由民众发起的，与无产阶级无关。然而，米骚乱的根源是经济利益问题，是无产阶级因生活所迫而发起的行动，是阶级之间的斗争。政府和资本家们必然会对新兴无产阶级的社会实力有所忌惮，因此没过多久，从三井财团和三菱财团，资本家们开始争相捐款，政府也开始极力推行社会福利措施。

---

[1]　当时日本设立了三个府，共 43 个县。——译者注

大正八年，是日本劳动者们的多事之秋。俄国和中欧各个国家的革命陆续获得了成功，无产阶级得到了大发展，这对日本劳动者们的影响是很大的。世界大战过后，欧洲又兴起了新民主主义，旨在建立新的社会秩序。

同年兴起的工人组织数不胜数，罢工活动累计为 497 次，包括：八月，东京 16 家报社的工人联合罢工；9 月，神户的川崎造船所的工人罢工，参与人数达 16700 人。值得一提的是，这一年友爱会的方针从调和转向了斗争；财团法人协调会也成立了。

八月三十一日，在成立 7 周年的纪念大会上，友爱会改名为日本劳动总同盟友爱会，并发布了 20 条新章程。

财团法人协调会则由德川家达、清浦奎吾、涩泽荣一、大冈育造、床次竹次郎等人发起并组建，旨在协调实业家与劳动者之间的关系。不过其核心人物大多都是一些希望改善社会政策的资本家和特权人士，因此在当时，这个协调会被劳动者视为完完全全的资本家组织。

另外，在这个时期，因为推选首届国际劳工大会的劳动代表一事，国内主要的一些工人组织携起手来反对政府，由此进一步刺激了劳动运动的发展。

大正九年三月，日本经济界出现了动荡，各实业产能降低，破产、休业之类的事情屡见不鲜。劳动者们也慌张起来，以致此前势头猛烈的工人组织运动逐渐消沉。

从"幸德事件"开始，原本处于幕后的社会主义运动因为受到全球革命和工人运动的影响而走到了台前，逐渐发展起来。大正九年十二月，友爱会、信友会等劳动组织的领导者，主张社会主义的堺利彦、山川均等人联合起来，成立了日本社会主义同盟。该组织前后两次准备在东京召开大会，但两次都被政府镇压，最终于大正十年（1921）解散。同时，今井嘉幸、贺川丰彦、尾崎行雄等人在大阪组织成立了关西劳动联盟，并在东京发起普选运动。这年五月一日，举行了第一次劳动节示威游行，日本工人组织同盟会也在这天成立了，由此劳动者们迈向了统一战线，意义重大。

大正十年，日本国内的工人组织发展至 71 个。神户的三菱造船厂和川崎造船所的工人们举行了罢工运动，参与者达到 35000 人，持续了 45 天，最后以劳动者的失败而告终。尽管如此，这两起罢工无疑是把无产阶级的力量昭告于天下。

从这个时期开始，劳动运动逐渐红色化。世界大战过后，民主思想进入了日本，国内的工人组织都受到了促动，激进者也跃然而出。特别是在关东地区，实业界的革命愈发兴盛起来，而对劳动者影响最大的莫过于马克思列宁主义思想。在友爱会的总部中，有人开始反对通过议会形式革命，而倾向于采取更直接的行动。另外，日本劳动总同盟友爱会正式更名为日本劳动总同盟。

大正十一年（1922），日本的经济情况更糟糕了，各个行业的发展都处于停滞状态，由此出现了很多失业者，劳动条件也变得越来越差，所以劳动运动的开展受到了极大阻碍。

九月三十一日，工人组织总联合会在大阪的天王寺内召开了成立大会。如果它能获得成功，那么一定可以为日本劳动者开启一个新时代。当时的日本，标榜无政府主义的工人组织还有关东工人组织同盟、关西工人组织同盟，等等；主张联合运动的日本劳动总同盟也在积极地寻求发展。如果工人组织总联合会与日本劳动总同盟这两个组织能合二为一，一定会带来一股强大的新势力。不过这十分困难，因为它们已经在思想上对立了多年，若要握手言和，几乎不可能。

工人组织总联合会的成立大会吸引了106位代表参加，分别来自59个劳动组织。堺利彦、山川均、大杉荣等社会主义者也有参与，从旁帮助与己有关的工人组织。会议召开前，形势已十分紧张；召开之后，各界又议论纷纷，没有任何决议。所以无论是工人组织代表，还是其他与会者，都对此深表不满。最终，工人组织总联合会解散。就这样，半年的筹备和建设化为乌有，未能促成两派和解。

大正十二年（1923），经济环境仍旧萎靡。九月一日，关东地区遭遇前所未有的大地震，各行各业都受到了重创，工人组织运动也被迫停止。

这年，后藤象二郎内阁上台，摒弃了此前的保守主义，颁布了新的政治纲领，并开始为普选做准备。

因为上述原因，工人运动也改变了方向，人们更倾向于从现实情况出发，以议会形式解决问题的政策。大正十三年（1924）

初，一直坚持走议会道路的稳健的英国工党内阁获得了成功，在这种情况下，日本国内的"议会倾向"更强烈了。

大正十三年二月，日本劳动总同盟发表了宣言，为日本的劳动者们指出了新方向，其影响十分深远。不可否认，这是日本劳动运动历史上的至关重大的事件。现摘录如下：

> 当下，我国的工人运动正处于十分关键的转折点上。大正十三年的会议上所发表这个宣言，不单单是日本劳动总同盟开展的一次运动，更是我国劳动运动历史上一次意义重大的事件。
>
> 无论是无产阶级运动，还是工人运动，都必须要先了解资本主义已经发展到了何种阶段，这个阶段的形势是什么样的，资本主义势力发生了什么样的变化，而不能武断地改变战略。
>
> 欧洲的大战给世界投下了不安的阴影，激化了资本主义社会的内部矛盾，让它走到了崩溃的边缘。与此同时，无产阶级运动得以开展起来。另外，统治阶级也在想方设法地维护现有制度。
>
> ……坚持以往的态度，将会酿成大错；必须要让政策变得更切合实际、更积极主动。……
>
> 必须揭示出（在争取实际利益的同时，向最终目标迈进的）工人组织运动的本质。我们坚信，参与到工人组织运动的战斗者们已经拥有了清醒的阶级意识，绝不会因统

治阶级的改良政策而堕落。……

这则宣言极大地影响了日本的工人运动。那些强硬派，或主张马克思列宁主义的工人组织，都陆续发表了声明，改变了斗争方向。

以此宣言为宗旨，在推选第六次国际劳工大会的劳动代表时，日本劳动总同盟利用政府的改良政策，推选了铃木文治作为代表前往日内瓦。

大正十四年（1925）的三月底，加藤高明内阁通过了普选决议，可谓众望所归。基于此，社会主义组织和工人组织又重新梳理了应对之策。大部分人都认为应该以普选为契机，建立新的政党，制定新的纲领，为最后的大选做准备。

此时，日本国内新兴的社会主义组织主要有政治研究会和日本费边社（其本部建在英国）等。这些组织均出版发行了各自的机关杂志，寻求发展壮大。

世界大战之后，日本民主主义运动终于达成所愿，迎来了普选，并通过普选建立了无产阶级政党，进入了民主主义的辉煌时期。

二　农民阶级的新风貌

我们再来看看农民运动。在日本，从明治初期开始，农民阶级便有了小组织。不过，直到世界大战过后，受到大城市里工人运动的启发，农民阶级才真正觉醒了，才逐渐开始利用小组织来拥护自身地位，而此时已是大正六年。

封建统治时期的日本农民，一直默默承受着官吏们的剥削，委曲求全于最低层次的生活。因为饥饿，偶尔会发起运动，但通常情况下，只会苦苦哀求剥削者。这便是日本农民运动的概况。

随着时代的发展，因为对不公正的劳动分配制度的强烈不满及对生存权益的强烈需求，农民阶级团结起来向地主阶级宣战了。

全国上下千千万万的农民站了起来，希望能摆脱长久以来的束缚，获得解放。与城市里的劳动者不同，他们怀揣着强烈的阶级意识，绝不轻易妥协。而那些以全国广大农民为坚实基础的小作坊组合，拥有很强的凝聚力。

内务省曾调查过小作坊组合的数量：

年份	数量
大正元年至五年	61
大正六年	33
大正七年	51
大正八年	108
大正九年	105
大正十年	329

大正十一年，共有小作坊组合 679 个，成员 107000 余名；大正十二年，共有小作坊组合 1340 个。

当时的日本，最具代表性的农民运动是大同团结运动。除此之外，日本农民总同盟也发起过运动，不过不太引人注目。

大正十一年四月，日本农民组合在神户召开了成立大会。杉山元治郎、贺川丰彦等组合领导人商议制定出以下纲领：

一、以农为业之人应当努力学习文化知识，研究农业技术，培养自身品德，热爱农村生活，力求农村文化的发展。

二、以农为业之人应当互助互爱，以发展农村生活为共同目标。

三、以农为业之人应当采取合理稳妥的方式，力求共同目标的实现。

创立最初，日本农民组合仅拥有 60 余名成员，然而到了大正十二年二月，成员数量便增至了 10000 余名，遍布日本

14 个县。此外，还设立了 85 个支部组织。大正十三年二月，拥有 330 余个支部组织，计 35000 余名成员。由这令人叹为观止的发展速度不难看出，农民阶级的生活是多么惨痛。

大正十一年二月，日本农民组合关东联合会正式成立，铃木文治作为领导人负责统领关东地区的各个支部。后来，日本农民组合关东联合会与日本劳动总同盟缔结友好合作关系，进一步巩固了根基。

这两个组织，一个是正在准备普选，需要农民阶级支持的无产阶级组织；另一个是正在寻求农业自治，废除等级剥削，着手举办町村议会选举的农民阶级组织。日本农民组合关东联合会通过全国范围内的选举来扩充成员数量，以此增进自身实力。

大正十四年二月，日本农民组合关东支部在东京召开了第四次大会，与会者多达 400 人。而在这 400 人的背后，却是 60000 位农民同胞。由此可见，它的基础越来越强大了。

三　新解放运动

明治四年八月，政府颁布对"秽多非人"的解放令，使这部分部落民获得了新生。关于此事，我们在第二章中已经阐述过了。既然如此，此时的日本照理说应该不存在这样的部落民了吧。然而，事实绝非如此。仅凭一纸法令，实难打破人们的固守成规；政治层面上的解放很难完全渗透到经济层面和社会层面。被差别对待、被压迫、被排斥、被拒绝，部落民的生活仍然和以前一样悲惨。

大正七年发生"米骚动"之后，内务省开始关注部落民的生活问题，发布了全国通告，要求各府县实行公私化改制。然而，部落民并不满足于此。世界大战过后，各国解放运动频发，部落民也深受影响，在全国范围内发起了自主解放运动，而这些运动也成为日本社会运动的重要组成部分。

部落民的自主解放运动萌芽自大正八年。大正十一年三月三日，全国水平社在京都的冈崎公会堂召开了成立大会。800名京都民众，以及来自大阪、奈良、和歌山、滋贺、三重、冈山、兵库和东京等地的诸多民众，总计上千人参加了大会。当天，全国水平社宣布了如下纲领：

一、部落民将以实际行动寻求绝对的解放。

二、部落民向社会寻求绝对的经济自由。

三、部落民已参透了人性，旨在实现人类的终究目标。

除此之外，还决定，以京都为本部，在各府县设立地方全国水平社；在本部，推选出中央执行委员长一人，执行委员数人；全国大会每年两次，地方会议每年一次。

此后，水平社发展迅猛，于这年四月在京都、琦玉、三重成立了地方水平社。五月，奈良等地的水平社也陆续成立。此外，还专门组建了少年水平社和少女水平社。

大正十三年三月，全国水平社在京都召开了第三次全国大会。从相关提案和决议来看，它所追求的已不只是平等和解放了，其阶级斗争意识已十分突显。

四　妇女组织的社会运动

至于女性运动，我们在前文中曾提到青踏社，不过这类组织通常只能提出些不切实际的问题，因为它们是毫无生活压力的大小姐们在个人主义的基础上组建起来的，解决不了什么社会问题和政治问题，所以没过多久便衰退了。

世界大战过后，海外各国的女性运动发展迅速。在法律层面上和政治层面上，女性已经获得了完全平等的权益，至少是等同于平等的权益。受其影响，日本国内的女性运动也有了新的发展。

大正九年三月，新妇人协会成立并发表了宣言："当今女性不仅要培养自我修为，力求自我充实，更要团结起来与男性砥砺同行，参与到战后重建的实际工作中来。"该协会的核心代表正是之前青踏社的成员市川房枝、奥梅尾等人，其宗旨是"保护女性，促进女性进步，为广大女性争取合法权益"。

　　这个协会存在了两年多，后因内部分歧而解散。它曾代表广大女性向议会请愿，最终在大正十一年促成了《治安警察法》第五条的修订，使女性获得了参加政治集会的权利。

　　新妇人协会曾改组为妇选获得同盟，不过因为缺少独立健全的纲领而很快衰落。

　　大正十年春，由女性社会主义者组建的赤澜会正式成立，伊藤野枝、堺真柄等人为主要领导人。赤澜会并不是在男性的施舍下成立的，而是为了彻底改正社会缺陷而发展起来的。

　　而后，赤澜会改组为日本社会主义同盟下属的妇人部，发起了演讲、示威、出版等一系列活动，但因屡遭政府镇压而逐渐消失。

　　此外，还出现了矫风会和救世军之类的从事废娼救娼运动的组织，不过这向来都不是议会的重要议题。

　　自大正十三年至大正十四年，出现了许多妇女团体组织，有妇女参政权获得期成同盟、女性争取平等教育权的女子学生联盟。如果这些组织能采取稳健的方式去斗争，当局应该是可以容忍的。

　　由无产阶级女性发起的运动，主要有成立于大正十三年的政治研究会妇女部，而政治研究会是以组建无产阶级政党为目标的组织。这些组织都拥有坚实的根基。就当时日本的产业状态而言，女性劳动者比男性劳动者更重要，400多万女性若能团结一致，便不难获得对日本产业的控制权。可惜的是，或许是因为尚未完全觉醒，抑或是受制于传统礼制而缺乏社会性，所以日本女性缺乏凝聚力，总是聚散无常，以致得不到社会的重视。不过，女性社会运动依然热火朝天地进行着，女性组织若能逐渐发展起一股势力来，日后或许也能有所斩获。

这个时期的国外女性运动，已开始争取男女社会地位的平等。而要实现这一目标，女性必须得先实现政治上和经济上的独立才行。

五　人民的新天地

在日本政坛，众议院议员选举法的修正多年来一直悬而未决，且备受广大民众期许。大正十四年，在第五十一届议会上，宪政会内阁向议会提交了相关议案，克服了重重困难，才让"修正"一事通过了两院的决议，得以正式实施。

尽管是普选，但也不可能无条件开放选举权，没有哪个国家是完全无限制的。日本的新选举法废除了与纳税有关的参选条件，就这一点来说，算是跟上了世界先进国家的步伐。不过，它没有对女性开放选举权，完全落后于英、美、德、俄、意、荷、加等国。另外，出于政治原因而无法享有选举权的有：禁治产人、准禁治产人、破产者、被剥夺或停止公权者、应召入伍的军人、志愿军人、兵籍学生、华族户主、未成年人、被救助者，以及无固定居住地和无户籍者等。

第六条第三款规定，"因贫困而接受公私救助者"不享有选举权。此规定很难解读清晰，因此惹起了颇多争议。按照实际情况来划分的话，恐怕能参选议员的也只有那些市长、村长们了。总之，贵族院认为，只有经济独立者才有资格享有参政权，这实在是太狭隘了，说到底这还是在以财产为条件。由于社会福利事业在发展，以及底层人民的生活日趋艰难，因此受公私救助的人也越来越多。换句话说，越来越多的人失去了选举权。关于居住地这一点，则明确规定，至少要在某一市町村内居住满一年。

除了要满足以上条件之外，还必须要"年满25岁"和拥有"日本国籍"。

依照旧法案：在全国55963053人（1920年数据）中，只有334万余人（1923年10月数据）享有选举权，占比6%。依照新法案，享有选举权的人数增至1400多万，占比25%。

至于参选资格，尽管学生、神官、神职人员、僧侣，以及小学教师等群体被解禁，华族户主、现役军人等群体仍然不被允许参选。此外，任何人不得同时兼任两院议员，这一条和从前无异。另外还规定，采用"中选举区制"，缩短选举周期，防止不公正投票，确立了开票制度和诉讼制度等。在此，我们就不一一阐释了。与选举资金有关的是，候选人需要交纳2000日元保证金，如果所获票数未达到法定标准，保证金将被没收。对于经济不甚宽裕的那些候选人来说，这一规定无疑是个很大的打击。

新选举法对日本政治和社会的影响十分深远，最基本的便是，无论哪个政党上台，都无法再像从前那样一手遮天了。再有，在组建内阁时，不再沿用以政党为核心的责任内阁制，这就意味着，内阁不再是政党的命脉。宪政颁布已有 30 余载，至此，庶民和劳动者们终于获得了参政权，不用再与政治隔离，也不用再将自身利益拱手相让于统治阶级。他们齐心协力，奋起反抗，却不再采用直接行动的方针政策，而选择了理性地向共同目标迈进。为了顺应时局，现有政党也不得不改头换面，以新政为基础做出调整。

面对被统治阶级的奋起，当局一面实行普选，一面又担心社会主义党派的发展，于是制定了惩治措施十分严苛的治安法令，企图用这样的方式防止无产阶级政党的出现，而这显然有悖于普选精神。建立在工人组织基础上的日本劳动党，以及其他无产阶级政党，其发展不可能像英国工党那样一日千里。英国工党能有现在这么强大的势力，是因为英国工人组织的发展由来已久。英国是世界上的工业强国，城市劳动者占比很大。而日本其实还停留在农业国阶段，佃户和自耕农占比较大，因此二者之间的差别是很明显的。

不管怎么说，不可否认的是，通过普选组建议会，让日本历史走进了新阶段。

第十三章
外交波澜四起

一 威尔逊宣言

世界大战结束后的第三年，战争创伤犹在。各国"幡然醒悟"，认定是军备不足导致了国家的巨大牺牲，于是变本加厉地扩充军备，譬如英、美、日等国开始大力发展海军，英、法等国进行着空军军备竞赛，潜艇数量激增，等等。

尽管国际联盟一直主张限制军备，然而它没有实力阻止各国的军事发展。更何况，美国仍未加入国际联盟。美国拒不加入，"不愿参与"国际政事，这引起了各国的不满。与此同时，拥立沃伦·甘梅利尔·哈定为美国总统的美国共和党，正在招兵买马，谋划着什么。

恰逢此时，英国上议院议员提交了限制海军军备的提案，在两院表决通过了。该提案以经济发展为基础，要求限制海军军备建设，一时间引发了各界的广泛关注。

在辽东政策方面，英国最关心的莫过于英日同盟的"结局"，而在这个问题上，英国不得不看美国的脸色。此时，美国正在召集国际会议，于是英国理所当然地予以支持。

美国定下远东政策之后，于1921年7月12日与日本进行了交涉。日本国内对此议论纷纷，有人叫嚷着大祸临头，有人因受到压制而悲观绝望，有人认为应该积极主动、妥善处理，而当局则要求进一步明确远东地区和太平洋地区政策的范畴。你来我往了两三次，这范畴依然不甚清晰。

1921 年 11 月 1 日，正值第一次世界大战停战纪念日，无名战士的安葬仪式在华盛顿郊区的阿灵顿国家公墓内举行。第二天，华盛顿会议正式召开，主要议题为"军备限制"，以及"远东地区和太平洋地区问题"。

出席会议的有美、英、日、法、意五大国，以及中国、比利时、葡萄牙、荷兰等国。日本派出了四位全权代表：海军大臣加藤友三郎为首席全权代表，另外三位为德川家达、埴原正直和驻美大使币原喜重郎。

我们无法详细阐述会议的整个过程，不过将在这里对会议期间定下的重要事项做些了解。

《五国关于限制海军军备条约》分为三章：第一章共二十条，为总则；第二章共四节，为实施细则；第三章共四条，为附属条款。

首先，我们来看看核心内容：

一、为了维护世界永久和平，减轻国家财政负担，协定本条约以限制海军军备。

二、自本条约签订之日起，10 年之内，停止建造主力舰，但美国可以建成并保留 2 艘目前正在建造当中的西弗吉尼亚号级别的战列舰，但需按规定废弃旧舰 2 艘；英国可以新建两艘排水量不超过 35000 吨的主力舰，但其余 4 艘战列舰需按规定予以废弃；法、意两国自 1927 年起方可执行造舰计划。

三、各缔约国主力舰吨位标准：

英国	525000 吨
美国	525000 吨
日本	315000 吨
法国	175000 吨
意大利	175000 吨

四、各缔约国不得建造、获取，或为其他缔约国建造超过 35000 吨的主力舰；主力舰主炮口径不得超过十六英寸（406 毫米）。

五、各缔约国航空母舰吨位标准：

英国	135000 吨
美国	135000 吨
日本	81000 吨
法国	60000 吨
意大利	60000 吨

六、各缔约国不得建造、获取或为本条约其他签约国建造超过 27000 吨的航空母舰；航空母舰不得装备口径超过八英寸（203 毫米）的舰炮。

七、各缔约国不得建造、获取或为其他缔约国建造超过 10000 吨的作战舰艇，主力舰和航空母舰除外。

其次，我们来看看与太平洋地区有关的限制区域条约内容便可知，大致上采纳了日本代表的意见：

一、美国：美国本土、阿拉斯加、巴拿马运河区的近海岛屿，但不包括阿留申群岛。

二、英国：东经110度以东的太平洋海岛，加拿大近海岛屿、澳大利亚联邦及其属地，以及新西兰除外。

三、日本：千岛群岛、小笠原群岛、南鸟岛、琉球群岛、台湾和澎湖列岛，以及太平洋日本委任统治领地。

关于远东和太平洋区域岛屿属地和领地问题的《四国条约》，也是华盛顿会议的重要成果。它的出现彻底瓦解了日英同盟。原本与此有关的国家只涉及美、英、日三个国家，不过从国际信用角度出发，又特邀了法国"参与"。

《四国条约》的内容大致如下：

美利坚合众国、大英帝国、法兰西共和国、日本国，为维护太平洋地区的和平稳定，维护四国在太平洋地区的权益，缔结本条约：

一、各缔约国相互尊重太平洋岛屿属地及领地内的权益；在发生争议的情况下，若无法以外交方式解决，应召集各缔约国进行协商，以便就应采取的最有效措施达成协议。

　　二、在遭到非缔约国的侵略或威胁时，各缔约国应开诚布公地进行商议，相互理解，联合或各自采取最有效的措施，及时解决问题。

　　三、本条约有效期限为10年；满期前12个月内，如果各缔约国未发布终止声明，则本条约继续有效。

　　四、本条约尊重各缔约国的法律审核流程，请务必尽快审批，并从批准书寄出之日起开始施行。

　　自此，1911年7月13日在英国伦敦签订的《日英同盟条约》正式宣告终止。

　　首先，《四国条约》存在这样一个问题：第一条所述的"太平洋岛屿属地及领地"是否包含日本本土在内？对此，美国给出的解释是"包含"，而日本方面则表示，这侵犯了日本的国家主权，是奇耻大辱。最终，此条款解释为"日本本土除外"。

　　其次，有关日本在南洋地区的委任统治区雅浦岛[1]的问题。在巴黎和会上，日本获得了雅浦岛的委任统治权，然而美国却提出了异议。不过在当时，这还未被纳入太平洋地区问题，因此两国打算协商解决。雅浦岛之所以成为两国争执的焦点，是因为它是海底电缆的中转站。如果雅浦岛被美国占领，那么日本与南洋地区的通讯就会受到极大影响。另外，雅浦岛还是极为重要的军事要塞。

---

[1]　雅浦岛：加罗林群岛西部岛屿。——译者注

最终结果是：日本享有雅浦岛的管辖权，美国享有通讯自由权。于是，海底电缆的路线就变成了：

雅浦岛——关岛——美国

雅浦岛——上海——日本

与远东地区有关的议题主要涉及日本在中国的势力范围，以及山东问题。

在美国代表的主张下，缔结了《九国公约》，内容大体如下：

第一条　除中国外各缔约协定：

（一）尊重中国的主权和领土完整，以及政治独立；

（二）给予中国无障碍的发展机会，以建立、维持和巩固中国政府；

（三）各国在中国境内的贸易、实业机会均等；

（四）不得利用中国国情谋取特权，削减友邦人民的权利，更不得做出不利于友邦国土安全的举动。

第二条　各缔约不得相互、各自，或联合任何一国或多国另立条约，侵犯或妨害第一条各项原则。

第三条　为了让中国开放门户，确保各国贸易、实业机会均等，除中国外各缔约协定，不得谋取。或支持其本国人民谋取……

第四条　各缔约国不得支持各自国民间的任何约定，

不得在中国领土范围内设立势力范围，不得支持排他性的发展机会。

第五条　中国政府应承诺，全国铁路不会对各国采取不同政策，不会施予不公正的待遇。

第六条　除中国外各缔约国，在未来的战争中，如果中国不参加，必须完全尊重其中立权；中国在作为中立国时，必须要尽到中立国的义务。

第七条　各缔约国无论何时在何种情况下，遇到牵涉本条约的相关规定，或通过本条约能够解决的问题时，可告知各缔约国并寻求商议。

第八条　……

第九条　……

针对山东问题，中日两国进行了交涉。如前文所述，从世界大战爆发开始，山东问题就悬而未决，直到8年后，又一次出现在美国的谈判桌上。最终结果是：无条件归还于中国。另外，还出台了一系列细则，以对胶州湾地区的公共财产、撤军问题、青岛海关、胶济铁路、山东铁路、矿山、盐田、海底电缆，以及无线电等各方面进行处理。

会议正式开始之前，威尔逊说道：

　　"这次在华盛顿召开的，以限制军备为主题的会议，将成为人类历史上的一座里程碑，将让人类社会进入一个转型期。它是防止种族灾难和种族灭减的最终政策，终将名留青史。"

事实证明，这段话并不完全正确。虽然在限制海军装备和维持太平洋地区稳定这两件事上，也算是达到一定的效果，但各缔约国夺取到的权益，也是不可否认的。对中国问题的处理，也为将来造成了重大的影响。埋葬日英同盟，显然是美国的首要目标，同时还夺得了在中国境内与日本"平起平坐"的机会。无疑，美国赢了。尽管我们不想把这次会议解读为：美国为了达到自身的目的，以维护和平、坚持人道主义，以及限制军备之名而召开。然而，从此后日美双方的关系，以及美国对待中国问题的态度来看，美国的所作所为，与其在会前所作的声明，即坚持人道主义，相去甚远。很遗憾，威尔逊的话漏洞百出。

二　"美国梦"的破灭

从明治二年开始，便有日本民众迁移至美国。当时，入籍日本的荷兰人兼幕府大臣松平斯劣尔，带了 40 名日本人前往美国挖掘金矿。此后，每年都会有人往外迁移。中日甲午战争结束之后，海外各国发展迅速，明治三十二年（1899）向外迁移者共 2844 人，到了第二年猛增至 12635 人。直到此时，美国才有所察觉，于是在旧金山举行了反对日本移民的集会，正式决定排日。

当时，日本移民大多是在爪哇岛、以加利福尼亚州为中心的太平洋沿岸地区工作和劳动。而今这些地方农业发达、产业兴盛，多少都与日本人的建设有关。

可美国的排日运动却越来越炽烈，还限制了日本移民的权利，而今又禁止持有特定目的地的日本劳工入境。关于美国的排日运动，大抵有如下这些：

> 1900 年，即明治三十三年，在旧金山举行了反对日本移民的集会，正式决定"排日"。
>
> 1903 年，全国性的工人组织会议在芝加哥召开，决定针对日本移民问题进行调查。
>
> 1905 年，排斥日韩人联盟在旧金山成立。
>
> 1906 年 10 月，旧金山教育委员会决定，为日本学生开设隔离学校。这期间，日美关系恶化已引起了国际舆论的广泛关注，日美战争论开始流行。
>
> 1907 年，在美国总统罗斯福的周旋下，日本当局接受了"禁止前往爪哇岛的日本人在美国本土经停"的要求，条件是美国终止对日本学生的排斥政策；通过一系列磋商，日美间达成了《绅士协定》；加利福尼亚州州议会通过了"日本人不得享有土地所有权"的决议，后呈报众议院，众议院通过，最后被总统罗斯福阻止。

1909 年，加利福尼亚州州议会再次提出日本人土地所有权等方案议案，罗斯福再次进行了阻止。

1911 年，上述议案第三次出现在加利福尼亚州州议会上，被总统塔夫脱阻止。

1913 年，上述议案第四次出现在加利福尼亚州州议会上，这次，总统威尔逊阻止未果；4 月，日本委任外务次官珍田舍己提出抗议；5 月 19 日，有关"日本人不得享有土地所有权"的法律正式生效。

1915 年，有关"禁止尚未入籍的外国人移民"的议案出现在美国国家议会上，被称为巴劣特法案，没有通过。

1917 年，上述议案再次被提出，美国国家议会鉴于外交形势而否决。

1920 年 11 月，经过全民投票，加利福尼亚州通过了排日法案，规定日本人不得享有土地租赁权，对出生于美国的子女，日本人不得享有监护权。

1921 年 3 月，华盛顿州州议会通过了以日本人不得享有土地所有权为目的的《外国人土地法》。

1922 年，加利福尼亚州高等法院宣告"对出生于美国的子女，日本人不得享有监护权"的州法无效，日本人甚是高兴；11 月，美国最高法院下达了含有"禁止日本人入籍移民"的判决。

1923 年 6 月，加利福尼亚州州议会通过了更严厉的外籍人土地议案；11 月，美国最高法院判定加利福尼亚州和华盛顿州的《外国人土地法》有效。

1924年4月，禁止部分地区尚未入籍的外国人移民条款的新移民法案，在美国议会获通过。

在签订《绅士协定》之后，日本政府开始有意限制移民，然而美国对此仍然深表不满，而且这种不满情绪一年强过一年。究其原因：第一，尽管已签订了《绅士协定》，但依然有日本人去美国；第二，基于此协定，那些适用于他国的移民配额制度[1]对日本并无效力；第三，在限制移民这件事上，美国对日本政府并不放心。最终结果就是，在1924年，带有排日色彩的新移民法案横空出世了。以前各州的法案被摆到了国家议会的桌面上，无非是想达到彻底排日的目的。美国的新移民法案无疑给了日本一记重拳，然而，有时候颜面问题比实际影响要重要得多。在日本看来，自己所遭遇的不公简直就是奇耻大辱，对日美关系有百害而无一利。于是，在美国议会讨论移民法案期间，1924年4月10日，日本驻美大使埴原正直向美国国务卿休斯递交了有关"新移民法案中的排日条款"的意见书，并表示日本当局一直恪守《绅士协定》，而新移民法案"禁止日本人入境，而每年进入美国的日本人不过146名而已"，希望美国"从两国邦交出发，站在正义和公正的立场上考虑问题。

---

[1]　即基于不同国籍的配额制度，欧洲移民特别欢迎此制度，1890年时，被许可移民的欧洲人数相当于美国总人口的2%。——译者注

如果禁止每年 146 名日本人入境，那么定会大大地伤害友邦民众的自尊心"。倘若新法案通过了，一定会"影响两国之间和平共处、互利互惠的关系，并导致严重后果"。

国务院将这份意见书提交给了参议院。在排日问题上，参议院以往的态度看起来要比众议院好一些，然而没想到的是，在埴原正的意见书被公示出来之后，参议院的态度陡变，甚至有人认为，在"严重后果"这句话背后潜藏着"全面威胁"，最后，含有排日条款的新移民法案以压倒性票数表决通过。

对此，日本国内舆论一片哗然，各种机构组织奋起反对，采取了各种方式进行抗议，甚至有人给美国政府、总统发去了电报，力图阻止新移民法案的实施。

国际机构的反应自不待言，其他国家的新闻媒体，以及美国的部分新闻媒体，也都认为新移民法案是错误的，有悖国际准则，并对日本深表同情。

尽管如此，在 1924 年 5 月 15 日，新移民法案的正式报告还是通过了美国两院的最终审核，于 5 月 17 日被提交至总统办公室；5 月 26 日，总统柯立芝签署通过。就这样，新移民法案落定，并于 1925 年 7 月 1 日正式生效。

对此，虽然日本也提出过解决办法，软硬兼施地发表过各种意见，可这件事情最终还是得取决于美国的态度。日后的路，恐怕只有两条：要么培养美国那样的公正公平的思想，要么发展出超越美国的国家实力。

这不是说，我们要为日美战争做准备，只是从道德观念和国际准则出发来看。如果想在国际竞争中不落人后，日本国民就必须团结起来，巩固国家基础，提升国家实力。

三　乍暖还寒的日苏关系

1917 年，俄国大革命获得了胜利。在新生的苏维埃政权与德国单方面签订了议和条约之后，联合部队对俄国进行了军事干涉，援助俄国反革命军以镇压苏维埃政权。日本派兵驻守西伯利亚，以帮助被俄军俘虏的捷克人、斯洛伐克人所组成的"捷克军团"，好让反对苏维埃政权的俄国鄂木斯克政权统一俄国，特别是西伯利亚地区。

大正七年，寺内正毅内阁决意向西伯利亚出兵。万万没想到，第二年鄂木斯克政府就垮台了，捷克军团大败而归，驻守在尼古拉耶夫斯克港的日本军队被苏俄游击队打败，死伤惨重。大正九年六月，日本增兵，打败了俄国激进派军队，占领了北库页岛，以及对岸的萨哈林州，直到中华人民共和国成立，日本才逐步撤兵。大正十年八月，在中国大连，日本与中国、苏俄政府进行了交涉。

直到大正十一年四月，双方依然未能统一意见。中国和苏俄政府以通讯不畅为由，要求将交涉地点改为赤塔，还要求把通商和撤兵这两件事放在一起处理；日本则要求，先解决通商问题，再谈撤兵一事。双方互不相让，谈判最终失败。

9月，苏俄政府代表和日本代表松平恒雄在长春再次谈判。俄国并不认为占领北库页岛是尼古拉耶夫斯克事件（又称"庙街事件"）的防卫措施，因此对该事件避而不谈，要求直接商定从库页岛撤兵的日期。日本表示反对。9月30日，谈判再次失败。

大正十二年六月，在后藤象二郎的周旋下，苏联[1]特派代表越飞来到日本与川上俊彦会面，并进行了非正式会谈。双方竭力进行磋商，然而在尼古拉耶夫斯克事件上却越来越难达成一致。这样看来，日苏未来的谈判恐怕也不容乐观。

这年九月，日本关东地区发生了大地震，苏联驻华大使列夫·米哈依洛维奇·加拉罕对日本驻华公使芳泽谦吉表达了同情之心，以此为契机，双方才又恢复了谈判。

大正十三年二月，符拉迪沃斯托克（海参崴）的苏联官方人士发表声明，取缔了日本的领事资格，中止日苏之间的通邮。莫斯科政府下令驱逐苏联境内的日本通信员，身在符拉迪沃斯托克（海参崴）的日本官员被逮捕。这又是一次旷日持久的纷争。自五月起，双方先后进行了60余次交涉，才将此事处理完毕。两国邦交又恢复了正常。

1925年1月20日，双方在中国北京签订了《苏日协定》。

---

[1]　1922年11月15日，苏俄政府与远东共和国合并，苏联成立。——译者注

经枢密院审定，该协定于 2 月 25 日获准，第二天予以公布。该协定名为《苏日关于规定两国关系基本法则的条约》。

条约中关于日本的结果有：

首先，在外交上，日本要对苏联采取亲善政策。两国的邦交问题自明治时期以来一直悬而未决，在此期间，各种事件屡有发生，至此，两国终于建立起新关系，未来将共谋政治和经济上的新发展。通过此项条款，日本获得了北库页岛的石油开采权，以及附近海域的渔业权，从这方面来说，日本收获很大。

其次，关于苏联 3 亿多元的债务，以及西伯利亚一战的经济赔偿，日本暂不做追究，留作日后处理。说起来，既然苏联已经因为各国的军事干涉而付出了巨大代价，那么这个问题还是有必要慎重考虑的，应该交由国际联盟来解决。

最后，对于尼古拉耶夫斯克事件，日本表示，只要"苏联政府表示出诚挚的歉意"，那么就可以和库页岛问题分开处理。随后，驻扎在符拉迪沃斯托克（海参崴）的日军宣布解除占领，待到河流解冰之后便撤兵回国。

另外，双方还协定禁止宣传。对于日本来说，这一点十分重要。一方面，日本担心共产主义者会对日苏邦交造成阻碍；另一方面，日本从未放弃过对白卫军的协助，也从未停下过征服远东地区的步伐。

第十四章

结尾：现在与未来

明治维新至今不过 60 载，回头看看日本这 60 年来的发展，确实令人惊叹。究其原因，国家传统与全民一心固然重要，但时代背景和国际环境也是不可忽视的。自明治维新伊始，日本可谓国运顺遂，很是利于发展。

但国际形势瞬息万变，绝不会一直处于同一种状态。日本要在世界大战过后继续活跃于国际舞台，就不得不做出调整。

从大正九年股市暴跌开始，日本经济长期萎靡。对外国的汇率下跌、物价上涨，进口总额屡屡超过出口总额。大正十二年，关东地区遭遇大地震，国家财政损失了 10% 以上。如果不是国民思想有所觉悟，恐怕难以渡过经济危机，定会走上悲惨的亡国之路。一方面，政府通过财政政策，限制政府支出的增长；另一方面，一部分国民（主要是有产阶级）也有所收敛，不再奢侈无度和肆意哄抬物价以牟取暴利，多少还是放弃了一些不劳而获的不道德的营生。

国内各行各业的发展自不待言。值得一提的是，制造工厂里的机械设备愈加先进了，要说这是为了发展实业，不如说是为了提高效能。中日甲午战争过后，日本的方方面面都有了长足发展；而眼下，在创造和发展新兴实业方面，似乎收效甚微。在以前，我们总想着怎么能把那些粗制滥造的廉价的商品出口到国外。从今以后，这样的事情就留给后进国去做吧，我们必须要用精益求精的商品去换得国际美誉。

总而言之，和那些世界强国相比，日本的经济基础还不够强大，国家也还不够富足，所以必须永远保持一颗勤勉之心，将产业发展视为立国之本，以提升国家实力。

在政治方面，近来修正了选举法，日本又进入了一个新阶段。自确立宪政以来，特权阶级的统治逐渐没落，现在终于走上了全民参政议政的道路。

政党的腐败严重损害了国家利益和人民利益。公开公正的宪政，必须要掌握在思想健全的政党手中，才会结出累累硕果。现有政党必须收起私心，斩断私欲，尽力为国民创造幸福。

无产阶级争取到了参政权，不过这权利并不是用来在议会上进行阶级斗争的，它应该是用来：代表人民公开公平地参政议政，发表人民的意见，将人民凝聚到一起，齐心协力同谋国家政治发展。日本目前的形势是不允许阶级斗争、夺取政权这类事情发生的。如果以阶级斗争的形式来维护自身阶级，最终只会玉石俱焚，令国家前程受阻。这将是多么令人悲痛的结局啊！

至于社会问题，莫不如是。那些主张采取直接行动的阶级应该好好想想。是时候收起斗争之心，一致对外了。当然，我们绝不是为资本家做辩护。日本此前所遭遇的艰难困苦，大部分都发端于资本家的原罪。他们不仅在战争中发着国难财，还将骄奢风气带入了大众社会；他们利欲熏心，置国民于危难而不顾；他们口口声声叫嚷着互帮互助，事实上却对劳动者们冷眼相待，一切只为了剥削压榨。无论是资本家，还是有产阶级，如果不在态度上做出改变，那么与国民之间的矛盾迟早会被激化，最终万劫不复。所以说，想办法让他们悔悟，是当下迫在眉睫之事。

附　录

日本大事记

时间	公元年月		事件（日本）	事件（国际）
明治元年	1868	1月	组成明治政府，讨伐德川庆喜。	
		3月	颁布《五条誓文》《神佛判然令》。	
		5月	发行纸币"太政官札"。	
		7月	江户改名东京。	
明治二年	1869	3月	迁都东京。	
		6月	奉还版籍、四民平等制度。	
明治二年	1870	9月	允许普通民众拥有"姓"。	
明治四年	1871	1月		普鲁士国王威廉一世举行了德意志皇帝的加冕仪式，德意志统一。
		5月		法国将阿尔萨斯—洛林地区割让给了普鲁士。
		8月	颁布对"秽多非人"的解放令；"废藩置县"的诏令正式下达。	
		12月	允许有官职的华族、士族涉足农、工、商业。	
明治五年	1872	2月	兵部省划分为陆军与海军两部分；解除禁止田地买卖禁令。	
		3月	废除神祇省，改设教部省。	

（续表）

时间	公元年月	事件（日本）	事件（国际）
明治五年	1872	7月 丈量国土，确立土地私有制，发放地券；地税改革，将"物品纳"改为"货币纳"。	
		11月 征兵诏书发布，以"国民皆兵"制度为宗旨，全民征兵；废除阴历，行太阳历。	
明治六年	1873	1月 发布征兵令。	
		2月 允许与外国人通婚；基督教解禁。	
		6月 废除计量单位"石"。	
明治七年	1874	1月 板垣退助等人建议创设"民选议院"，自由民权运动开始。	
		7月 地租改正。	
		8月 禁止对罪犯严刑逼供。	
明治八年	1875	4月 颁布了开设国会的诏令，设立元老院、大审院。	
		5月	全德工人联合会（拉萨尔派）与德国社会民主工党合并为德国社会主义工人党。
明治九年	1876	3月 禁止佩刀等封建等级制思想。	

（续表）

时间	公元年月		事件（日本）	事件（国际）
明治十年	1877	2 月	西南战争爆发。	
		4 月		俄土战争爆发。
		11 月		盖得创办了《平等报》倡导马克思主义，为法国社会主义运动拉开了序幕。
明治十一年	1878	1 月		俄土战争结束。
		6 月		柏林会议。
明治十二年	1879	10 月		德奥同盟建立。
明治十三年	1880	2 月	茨城县八十万民众请愿，要求开设国会。	
		3 月	国会期成同盟会在大阪成立。	
		4 月	颁布集会条例（镇压自由民权运动）。	
明治十四年	1881	7 月	北海道开拓使出售官产事件。	
		10 月	政府发布了诏令，宣布将在明治二十三年开设国家议会。	
明治十五年	1882	2 月	伊藤博文等人赴欧洲考察宪政。	
		3 月	福地源一郎等人组建立宪帝政党。	
		5 月	日本最早的社会主义组织东洋社会党成立。	德、奥、意三国同盟正式成立。
		11 月	福岛事件。	
明治十六年	1883	3 月	高田事件。	

（续表）

时间	公元年月		事件（日本）	事件（国际）
明治十七年	1884	3月	伊藤博文任制度调查局长，带队编制宪法。	
		7月	颁布《华族令》。	
		8月		海德门、莫里斯等人在民主联盟的基础上建立社会主义组织英国社会民主联盟。
		10月	秩父事件。	
		12月	饭田事件。	莫里斯自成一派，成立了社会主义同盟。
明治十八年	1885	2月	大阪事件。	
		4月	明治政府和中国清政府签订了《天津会议专条》。	
		9月	井上圆了的《破邪新论》出版发行，猛烈批判基督教。	
		12月	伊藤博文对政府机构进行了"改革"，太政官制改为内阁制度；伊藤博文内阁上台。	
明治十九年	1886	10月	大同团结运动。	
		12月		美国劳工联合会成立。
明治二十年	1887	2月	《国民之友》等杂志开始宣传社会主义思想。	

（续表）

时间	公元年月		事件（日本）	事件（国际）
明治二十一年	1888	4 月	秘密审议宪法草案，国粹论者成立了政教社。	
		12 月	宪法草案正式出台，同时出台的还有了《皇室典范》《议院法》《众议院议员选举法》《贵族院令》和《会计法》等重要的法律规范。	
明治二十二年	1889	2 月	宪法发布仪式正式举行。	
明治二十三年	1890	11 月	第一次帝国议会召开。	
明治二十七年	1894	7 月	日英缔结新约《通商航海条约》；中日甲午战争爆发。	
		11 月		俄皇亚历山大三世离世，尼古拉二世继位。
明治二十八年	1895	2 月		朝鲜爆发甲午农民战争。
		4 月	中日签订《马关条约》；三国干涉还辽。	
明治三十年	1897	4 月	日本职工义友会成立。	
		5 月	高山樗牛发表《日本主义》，开始宣扬"日本主义"。	
		7 月	职工义友会成立了工会期成会。	
		12 月	《安政五国条约》彻底被废除。	

（续表）

时间	公元年月		事件（日本）	事件（国际）
明治三十一年	1898	3 月		德国"租借"胶州湾，俄国"租借"旅顺、大连。
明治三十一年	1898	4 月		法国"租借"广州湾。
		7 月		英国"租借"威海卫。
		10 月	在东京芝区的一位论派教会内部，社会主义研究会成立了。	
明治三十二年	1899	4 月		义和团运动爆发。
明治三十三年	1900	8 月		八国联军攻入北京。
		12 月	社会主义研究会改组为"社会主义协会"。	
明治三十四年	1901	5 月	幸德秋水等人成立日本第一个社会主义政党"社会民主党"，当天被专制当局解散。	
明治三十五年	1902	1 月	日本和英国签订了《英日同盟条约》，建立英日同盟。	
		4 月		中俄签订《东三省交收条约》。
明治三十六年	1903	12 月	幸德秋水、利彦创建了"平民社"，组织起了社会主义新运动，倡导"非战论"。	

（续表）

时间	公元年月		事件（日本）	事件（国际）
明治三十七年	1904	2月	日本对俄国宣战，日俄战争爆发。	
		5月	宗教界大会在芝公园举行。	
		8月		阿姆斯特丹召开的国际社会主义大会。
明治三十七年	1904	11月		俄国地方议会委员大会在其首都召开，要求政府制定宪法，开设国家议会。
		12月		俄国各地陆续发生了工人罢工和农民起义。
明治三十八年	1905	1月	《平民新闻》不顾当局禁令，自行宣布复刊。	
		9月	日俄签订了《朴茨茅斯条约》。	
		11月	日本政府与朝鲜政府签订了日韩保护协约，日本成为朝鲜的"保护国"。	
明治三十九年	1906	1月	桂太郎内阁倒台，西园寺公望内阁第一次成立，言论制度稍稍有了些缓和。	
		5月		俄国第一届国家杜马（议会）召开。
		9月		清政府对外宣布筹备立宪。
		12月	社会政策学会召开了第一届大会，商议《工厂法》的制定。	
明治四十年	1907	2月	第二次日本社会党代表大会得以召开。	

（续表）

时间	公元年月		事件（日本）	事件（国际）
明治四十一年	1908	7 月		青年土耳其党发动起义，土耳其爆发革命，土耳其君主被迫宣布恢复宪法。
明治四十一年	1908	8 月		清政府颁布了《钦定宪法大纲》，并表示国家议会将于 9 年后开设。
		10 月	天皇发布了戊申诏书，训诫国民应当勤俭节约、艰苦朴素、忠诚奉献。	
明治四十三年	1910	8 月	日韩签订了《日韩合并条约》。	
		9 月		清政府设立资政院。
明治四十四年	1911	10 月		中国爆发辛亥革命。
大正元年	1912	2 月		溥仪退位，清政府统治结束；袁世凯就任中华民国临时大总统。
		7 月	明治天皇（睦仁）病逝，大正天皇（嘉仁）继位，改元大正。	
		8 月	友爱会成立。	
		12 月	第一次护宪运动。	
大正二年	1913	2 月	桂太郎内阁下台，护宪运动宣告结束。	
		10 月		袁世凯当选正式大总统，北洋政府正式形成。
大正三年	1914	6 月		斐迪南夫妇在波斯尼亚首都萨拉热窝遇刺，成为第一次世界大战的导火索。

（续表）

时间	公元年月		事件（日本）	事件（国际）
大正三年	1914	8月	日本对德国发出了最后通牒，要求德国立即无条件撤出胶州湾。	
		10月	占领德属马绍尔、马里亚纳、加罗林等南洋群岛。	
		11月	日本先德国一步攻占青岛。	
大正六年	1917	1月	同志会解散。	
		3月		俄国爆发二月革命，俄皇尼古拉二世宣布退位，立宪民主党人李沃夫公爵组建资产阶级临时政府，与工农代表苏维埃政权并存。
		7月		李沃夫政府垮台，以克伦斯基为核心的第二届临时政府成立。
		10月		圣彼得堡冬宫被攻破。
		11月		克伦斯基临时政府被推翻，列宁当选为人民委员会主席，苏维埃政府正式成立。
大正七年	1918	1月		美国威尔逊总统提出"十四条"。
		2月		英国工党通过"新宪法"即组织改造案。

（续表）

时间	公元年月		事件（日本）	事件（国际）
大正七年	1918	3月		苏维埃政权与德国议和，退出第一次世界大战；英国颁布《国民参政法》，女性获得选举权，基本达到普选要求。
大正七年	1918	6月		英国工党通过新纲领《工党与新社会秩序》。
		8月	全国性"米骚动"爆发；日本宣布出兵西伯利亚。	
		10月		德国基尔军港爆发了水兵起义。
		11月		德国斯巴达克同盟发起革命；德皇宣布退位；第一次世界大战结束。
大正八年	1919	1月		德国斯巴达克同盟革命被镇压；德国社会民主党召集议会，制定了以民主制度为核心的《魏玛宪法》。
		5月		巴黎和会召开。
		6月		《凡尔赛条约》签订。
		7月		国际工会联合会的战后重建大会在阿姆斯特丹召开。
		8月	友爱会改名为日本劳动总同盟友爱会。	

（续表）

时间	公元年月		事件（日本）	事件（国际）
大正八年	1919	10 月		首届国际劳工大会在华盛顿召开。
大正九年	1920	1 月		《国际联盟盟约》生效，国际联盟成立。
		3 月	新妇人协会成立并发表了宣言；经济界出现了动荡。	德国爆发了要求复辟帝制的卡普政变。
大正九年	1920	6 月	日本占领了北库页岛及对岸的萨哈林州。	国际天主教工会联合会在布鲁塞尔正式成立。
		7 月		赤色职工国际在莫斯科成立。
大正十年	1921	2 月		国际联盟成立了委任统治委员会。
		5 月	第一次劳动节示威游行，日本工人组织同盟会成立。	
		11 月		华盛顿会议召开。
		12 月		美、英、日、法四国签订《关于太平洋区域岛屿属地和领地的条约》，通称《四国条约》。
大正十一年	1922	1 月		海牙国际常设法院召开第一次会议。

（续表）

时间	公元年月	事件（日本）	事件（国际）
大正十一年	1922	2月 日本农民组合关东联合会正式成立。	美、英、法、意、日五国签订《五国关于限制海军军备条约》，通称《五国海军条约》；华盛顿会议与会国签订《九国关于中国事件适用各原则及政策之条约》，通称《九国公约》。
		3月 全国水平社在京都的冈崎公会堂召开了成立大会。	
		4月 日本农民组合在神户召开了成立大会。	
		9月 工人组织总联合会在大阪的天王寺内召开了成立大会。	
		11月	苏联成立。
大正十二年	1923	9月 关东大地震。	
		10月	北洋政府总统曹锟颁布了《中华民国宪法》。
大正十三年	1924	1月	无产阶级政党英国工党成功组建内阁。
		2月 日本劳动总同盟发表了宣言，为日本的劳动者们指出了新方向。	
		3月 全国水平社在京都召开了第三次全国大会，阶级斗争意识凸显。	

（续表）

时间	公元年月		事件（日本）	事件（国际）
大正十三年	1924	4月		美国通过带有排日色彩的新移民法案。
大正十四年	1925	1月	签订《苏日关于规定两国关系基本法则的条约》。	
		2月	日本农民组合关东支部在东京召开了第四次大会。	
		3月	加藤高明内阁通过了普选决议，新选举法废除了与纳税有关的参选条件。